HORST W. OPASCHOWSKI

Xtrem. Der kalkulierte Wahnsinn. Extremsport als Zeitphänomen

HORST W. OPASCHOWSKI

Xtrem

Der kalkulierte Wahnsinn

Extremsport als Zeitphänomen

Eine Edition der
B.A.T Freizeit-Forschungsinstitut GmbH
Hamburg 2000

CIP-Kurztitelaufnahme der Deutschen Bibliothek
Opaschowski, Horst W.
Xtrem. Der kalkulierte Wahnsinn. Extremsport als Zeitphänomen
[Hrsg. B.A.T Freizeit-Forschungsinstitut GmbH]

1. Auflage, Hamburg: Germa Press, 2000
ISBN 3-924865-33-7

Herausgeber:
B.A.T Freizeit-Forschungsinstitut GmbH

Lektorat:
Germa Press Verlag
Martina Nehls, Sonja Praß

Titelgestaltung und Layout:
Andreas Beling

Satz:
Dieter Geib Desktop Publishing, Hamburg

Druck:
Offizin Andersen Nexö Leipzig

INHALT

VORWORT

TEIL 1

TEIL 2

TEIL 3

TEIL 4

„JUST FOR FUN“

TEIL 5

„NO LIMITS“

DATEN-DOKUMENTATION

VORWORT

„Die Zukunft ist extremer
als man denkt."
Douglas Coupland,
kanadischer Kultschriftsteller
„Girlfriend in a Coma" (1999, Roman)

XTREM: JENSEITS AUSGETRETENER PFADE

In einer Gesellschaft der Sicherheiten, Absicherungen und Versicherungen zwischen „Vollkasko"-Angeboten und „Rundum-Sorglos"-Paketen nimmt der Reiz des Risikos zu. Natürlich sollen riskante oder riskant erscheinende Situationen – wie in der Wirtschaft auch – kalkulierbar sein. Schließlich wird Risikobereitschaft auch im Berufsleben, insbesondere bei Existenzgründungen, gefordert. Und Risiken der Globalisierung, der Informationsgesellschaft oder der Gentechnologie stehen ohnehin im Brennpunkt der gesellschaftlichen Diskussion. Im Wirtschaftsleben, vor allem in der New Economy, gilt geradezu die Devise: Risiko macht Spaß. Risikofreudig sein und Spaß am Wagnis haben sind Voraussetzungen für unternehmerischen Erfolg – schließen aber auch Scheitern mit ein.

Nach der Jahrtausendwende breitet sich eine weitere Wagniskultur aus, die Menschen freiwillig Risiken eingehen lässt – meist erst nach getaner Arbeit. Gesucht wird der „Kick" beim Risiko- oder Extremsport. Abenteuer und Risiko, möglichst maßlos und in immer neuen Varianten, üben vor allem auf Jugendliche und junge Erwachsene einen großen Reiz aus. Was fasziniert sie so? Die „Mutprobe", die „Sensationssuche" oder die einmalige „Grenzerfahrung"?

Schon die Römer kannten und liebten den Nervenkitzel. Der Dichter Lucius Livius (284–204 v. Chr.) sprach seinerzeit vom „kaum noch erträglichen Wahnsinn“ der Gladiatorenkämpfe in der Arena. Was früher Sklaven zwangsweise ertragen und erdulden mussten, nehmen Extremsportler heute gerne und freiwillig auf sich. Die Grenzen zwischen Sicherheit und Risiko, Sport und Kampf, Leichtsinn und Wahnsinn sind fließend geworden.

Der Deutsche Sportbund (DSB) gibt sich verunsichert: Der grenzenlos langweilige Alltag der Menschen wecke einen unstillbaren Erlebnishunger und sorge für einen „Absurditäten-Katalog der Freizeitgestaltung.“ Der Sport werde zum Versuchsgelände für „Bewegungsidiotie“ und „sportlichen Wahnsinn“ (Pieper/DSB 1996, S. 3). Der kalkulierte Wahnsinn zwischen Kitzel und Kommerz lebt von immer neuen Sensationen: Bungee-Jumping von der Brücke, vom Kran oder vom Fernsehturm. Sprünge allein oder zu zweit mit dem Fahrrad, Motorrad oder dem Auto. Sturzflüge vom Hochhaus oder halsbrecherische Canyoningtouren.

So spannt sich der Bogen bis hin zu TV-Shows wie z. B. „Ihr seid wohl wahnsinnig“, in denen hemmungslos mit den Ängsten von Menschen gespielt wird, die angeblich ganz wild auf Grenzerfahrungen sind. In Wirklichkeit „müssen“ sie sich inszenierten TV-Mutproben mit kalkulierten Adrenalin-Kicks stellen (Moderatorin: „Komm, schrei noch mal!“). Wann gerät der kalkulierte Wahnsinn außer Kontrolle? Kennt „Thrilling“ bald keine Grenzen mehr?

In Extremsituationen setzt der Körper Beta-Endorphine frei, die Schmerzempfindlichkeit blockieren und Euphorie auslösen – wie früher beim „gethrillten“ Soldaten im Grabenkampf, der high vom Nahkampf zurückkam und gar nicht merkte, wie schwer seine Verletzungen waren. Nach einem tragischen Canyoning-Unfall im Sommer 1999 in der Saxet-Schlucht bei Interlaken in der Schweiz, bei dem 21 Wassersportler zu Tode kamen, gingen Medien und Fachöffentlichkeit auf die Suche nach den Ursachen. Das Ergebnis war desillusionierend: „Auf der Suche nach auffälligen Persönlichkeitsmerkmalen von Bungee-Jumpern, Drachenfliegern und anderen Extremsportlern stießen die Forscher auf – nichts" (Sauer 1999, S. 2).

Die vorliegende Studie geht daher systematisch der Frage auf den Grund, warum Extremsportler freiwillig Risiken und Gefährdungen eingehen. Im Rahmen einer Repräsentativuntersuchung geben 217 Extremsportler aus den Bereichen Mountainbiking, Trekking und Free Climbing, Canyoning, River Rafting und Tiefseetauchen, Paragliding, Fallschirmspringen, Bungee-Jumping und Survival Training Auskunft über ihre persönlichen Motive. Sie leben „Xtrem", weil sie sich jenseits ausgetretener Pfade bewegen wollen. Auf der Flucht vor der Langeweile des Alltags suchen sie den Kick, den Thrill, das No-Limits-Erlebnis. Es geht um kalkulierten Wahnsinn zwischen Höhenflug und Tiefseeabenteuer.

So sehr sich Risikosportarten auch weltweit ausbreiten – ihr Anteil am Unfallgeschehen ist nach den Erfahrungswerten von Versicherungen äußerst gering: Bei den Schadensfällen im Sport steht Fußball immer noch an erster Stelle...

Horst W. Opaschowski

SEHNSUCHT NACH DEM WILDEN LEBEN.
AUF DER FLUCHT VOR DER LANGEWEILE DES ALLTAGS

TEIL 1

Xtrem-TV: Zwischen Tod und Live

„Die Exekution noch in dieser Sendung –
bleiben Sie dran."
CNN-Talkshow von Larry King am 22. Juni 2000
anlässlich der Hinrichtung von Gary Graham in Texas

1. ZEITALTER DER EXTREME

Mit Reality-TV hatte alles begonnen, mit Xtrem-TV oder Ultimate-Internet kann alles enden. Bildschirmspektakel per Satellit und gegen Cash: „Big Brother", „Expedition Robinson", „Das Inselduell", „Realityrun" – und was noch? Im Frühjahr 2001 folgt nach dem „Big Brother"-Format die Serie „Gefesselt". Und was dann? Im Jahr 2003 die TV-Besteigung des Mount Everest: Mehrere Bergsteiger werden – von der Kamera begleitet – live den höchsten Berg der Erde erklimmen. Und wie geht es weiter?

Erstmals 1999 hatten – nach dreißig Stunden in der gefährlichen Eiger-Nordwand – vier Bergsteiger vor laufender Kamera den 3.970 m hohen Gipfel erreicht. TV-Zuschauer aus Deutschland und der Schweiz konnten das Spektakel zwei Tage lang verfolgen. Helmkameras und Mikrofone übertrugen jedes Schnaufen und jede Suche nach dem nächsten Halt in der Steilwand live in die Wohnstuben. Extrem-TV auf Leben und Tod als Reality-Wahnsinn. Nach dem Erreichen des Gipfels beglückwünschten sich die Bergsteiger mit einer Jodeleinlage – fast ein Spiegelbild des Tourismusprospekts Winter 1999/2000 vom Berner Oberland: „Adrenalin-Junkies: Sie lachen über die FIS-Regeln und finden die letzte Herausforderung abseits der Piste, wo sie mit Schneelawinen Wettrennen veranstalten ..."

Die Erlebnisgesellschaft lebt immer mehr von Extremen. News bekommen Sensationscharakter. Nichtalltägliches wird – von den Medien verstärkt – zum außergewöhnlichen Ereignis hochstilisiert. Viele glauben mittlerweile schon, dass selbst das Wetter nicht mehr normal sei. Der Psychoanalytiker Erich Fromm schrieb schon vor über dreißig Jahren in seiner „Revolution der Hoffnung", dass *in Zukunft jeder neue Rekord als Fortschritt gefeiert werde:* „Sogar die Einstellung zum Wetter scheint von diesem Prinzip beherrscht zu sein" (Fromm 1968, S. 37). Ein bestimmter Tag wird dann schnell als der heißeste oder kälteste des Jahrhunderts bezeichnet. Und die Menschen haben dabei auch noch das stolze Gefühl, Extrem-Temperaturen erlebt zu haben. Hierfür lassen sich ständig Beispiele finden:

- In diesem Jahr gab es den heißesten Mai seit 132 Jahren, im vergangenen Jahr den wärmsten September seit hundert Jahren.
- Dagegen war der 98er Sommer ein Sommer, der praktisch keiner war. Er fand in Norddeutschland an vier Tagen statt und war von wochenlangem Dauerregen begleitet.
- Andererseits war es im März 1992 in Deutschland teilweise wärmer als in den Mittelmeerländern.
- Im Gegensatz dazu war der Mai 1991 der kälteste Mai dieses Jahrhunderts.
- Dafür war 1990 das wärmste Jahr seit 1880, ja der Februar 1990 der wärmste Februar seit Menschengedenken.
- Andererseits war es Ostern 1990 ein Grad kälter als Weihnachten 1989.

Dieses Spiel ließe sich beliebig fortsetzen. Die bloße Veränderung von Quantitäten wird schon als Ereignis gefeiert. *Die Sensation entsteht in unseren Köpfen:* Der Regen wird zur Sintflut, der Wind zum Orkan und der kühle Sommer zur Eiszeit. Nicht das Wetter, sondern unser Bewusstsein ändert sich im Zeitalter der Informationsflut. Dies bleibt nicht ohne Folgen: *Wir neigen immer mehr zu Extremen, weil wir täglich mit Extremen konfrontiert werden.* Wir leben in einem „Zeitalter der Extreme" (Hobsbawm 1998). Extreme in Medien, Politik und auch im Sport breiten sich explosionsartig aus, das Mittelmaß und manchmal auch das Augenmaß gehen verloren.

Entwickeln wir uns zu einer Extremgesellschaft, in der wir auseinanderdriften und Gefahr laufen, aus dem Gleichgewicht zu geraten? Oder liegt es in der Natur des Menschen, ständig nach Neuem zu streben? Ist das Bedürfnis, in extreme Bereiche unseres Lebens vorzudringen, eine besondere Ausdrucksform der heutigen Zeit, in der die Wagemutigen geradezu Angst haben müssen, zu wenig zu erleben und zu viel zu verpassen? In einer Zeit, in der fast alles erkundet, erfahren, erforscht und ausgelotet erscheint und alle Gene entschlüsselbar sind, sucht der Mensch neue Herausforderungen, die – wie die Natur – Unwägbarkeiten und Risiken enthalten, damit das Leben ein Abenteuer bleibt.

2. KÖRPERLICHE BEWEGUNG GEGEN REIZARMUT

„Das Risiko wird zu einer täglichen Notwendigkeit,
welche die Masse der Menschen auf sich nehmen muss."
RICHARD SENNETT: „Der flexible Mensch.
Die Kultur des neuen Kapitalismus" (1998)

Bereits vor einem Vierteljahrhundert versuchte der amerikanische Psychologe Tibor Scitovsky den Ursprung des *American Way of Life* zu erklären. Das Ergebnis seiner Forschungen mündete in eine „Psychologie des Wohlstands" (Scitovsky 1976/1977). In westlichen Wohlstandswelten, so fand er heraus, leiden die Bürger zunehmend unter dem Mangel an

Abwechslung und Anreiz. Die Sehnsucht nach Wohlbefinden („well-being"/„wellness") wird umso stärker, je mehr das Alltagsleben *kein Reizoptimum* mehr bieten kann. Die Folge: Ein Gefühl von Langeweile breitet sich aus. Langeweile aber wird als störend empfunden. Die Menschen neigen daher dazu, möglichst schnell diesen unbehaglichen Zustand zu beseitigen und aktiv nach Anreizen zu suchen.

„Das einfachste Hilfsmittel" gegen Reizarmut ist nach Scitovsky *„körperliche Bewegung"*, die in dieser Situation auch noch Spaß macht. Deshalb verausgaben sich viele freiwillig zu ihrer eigenen Befriedigung: „Kampfsportarten und -spiele sind deswegen so beliebt, weil die Freude an der körperlichen Bewegung durch den vollen Einsatz unserer Stärken und Fähigkeiten im Wettkampf maximiert wird" (Scitovsky 1976/77, S. 35).

Aus der Physiologie ist bekannt: Bei vollkommener Bettruhe verliert der Mensch täglich etwa drei Prozent seiner Muskelkraft. Daher erscheint die körperliche Anstrengung bei der Ausübung von Risikosportarten nur auf den ersten Blick als nutzlos. Alle Organe, Sinne und Fähigkeiten brauchen zur Selbsterhaltung und um funktionsfähig zu bleiben das ständige Training. Die *Nützlichkeit scheinbar nutzloser Betätigungen* ist ein lebensnotwendiges Paradoxon. So gesehen sind Gefahren und Ängste beim Risikosport geradezu angenehm – solange jedenfalls, wie sie sich in Grenzen halten, also begrenzbar, kontrollierbar und kalkulierbar sind. Nur dann können wir sie auch verkraften.

Wirtschaft, Werbung und Medien gehen immer mehr dazu über, Extrem-, Risiko- und Trendsportarten zu erfinden. Fast alles, was derzeit an sportlichen Neuheiten über den Atlantik zu uns schwappt, bekommt die Aura einer Trendsportart verliehen – unabhängig davon, ob der Trend sich durchsetzt oder nicht. Zumindest verbal und medial breiten sich *Sport-„ing"-Wellen fast inflationär* aus. Nicht selten sind sie mehr ein Therapeutikum für eine schnelllebige Branche, der langsam die Ideen

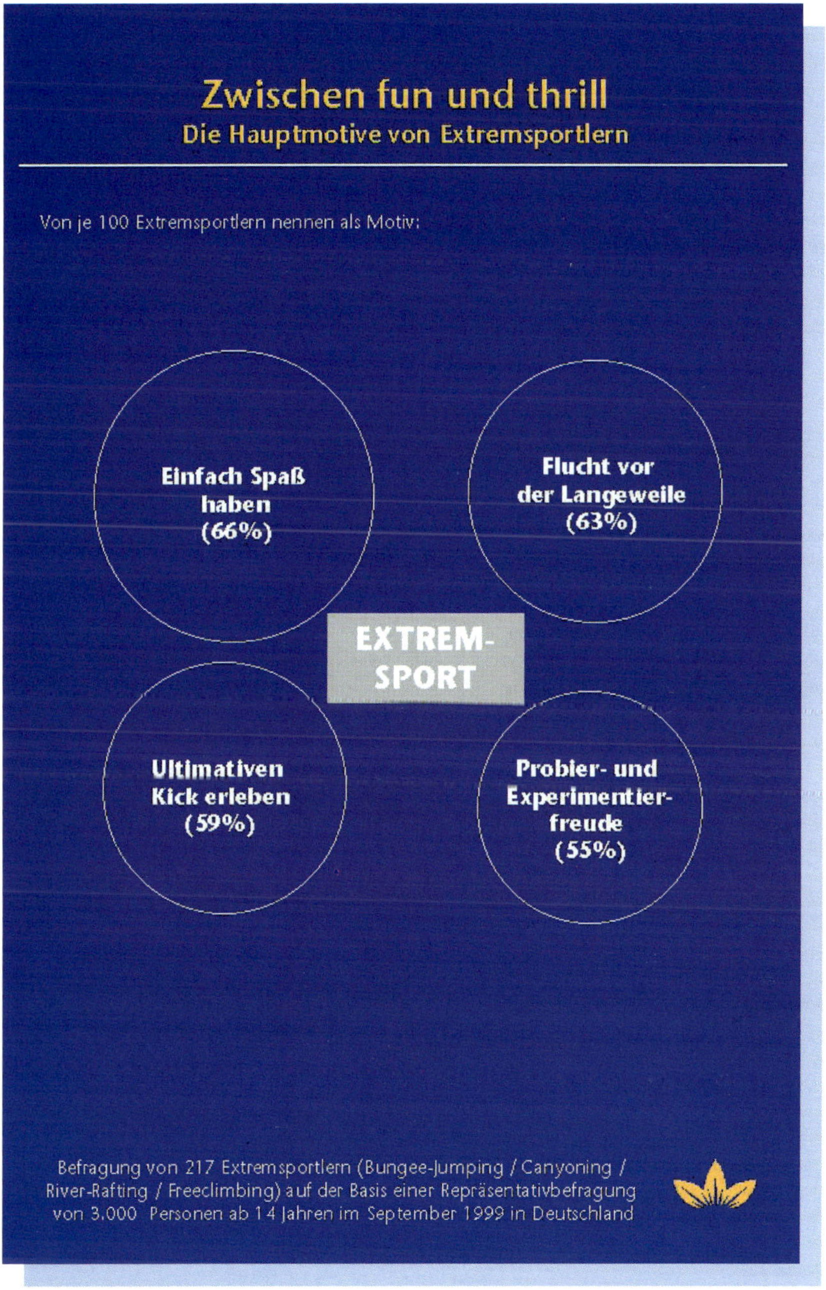
Zwischen fun und thrill
Die Hauptmotive von Extremsportlern
Von je 100 Extremsportlern nennen als Motiv:
Einfach Spaß haben (66%)
Flucht vor der Langeweile (63%)
EXTREM-SPORT
Ultimativen Kick erleben (59%)
Probier- und Experimentier-freude (55%)
Befragung von 217 Extremsportlern (Bungee-Jumping / Canyoning / River-Rafting / Freeclimbing) auf der Basis einer Repräsentativbefragung von 3.000 Personen ab 14 Jahren im September 1999 in Deutschland

ausgehen. Gesucht und gefragt sind Outdoor-Aktivitäten, die Erfolgserlebnisse oder Nervenkitzel versprechen, eine ‚richtige' Ausrüstung erfordern und einen möglichst hohen Verschleiß an Material in Aussicht stellen. Dafür bekommen die Sportarten von der Industrie den *Nimbus des Abenteuerlichen* verliehen. Zu solchen Sport„ing"-Wellen zählen z. B. Bungee-Jumping und Paragliding, Free Climbing und River Rafting, Mountain Biking und Trekking. Die Industrie steht immer zu Diensten – mit Bodies und Leggings, Skischuhen und Sturzhelmen, Schienbein- und Ellenbogenschützern.

Anglizismen und Amerikanismen gehören in diesem Bereich zur Alltagssprache: „fun" – „speed" – „power" – „flow" – „thrill" – „risk" – „fit for fun". In Anlehnung und auch ironischer Distanz werden in den folgenden Kapitelüberschriften solche medial verbreiteten Slogans bewusst aufgegriffen und hinterfragt: „More risk – more fun" – „no sports" – „get your kick" – „just for fun" – „no limits". Viele Werbestrategen bedienen sich solcher auf die Jugendszene ausgerichteten Slangs, um „ihre" Geschäfte mit der Jugend, dem Abenteuer, dem Thrill und Kick zu machen. Eine Generation, die Kriege und Katastrophen nur aus der Tagesschau kennt, will und soll herausgefordert werden: Wo ist am meisten los? Und: Was darf ich auf keinen Fall verpassen?

3. LUST AM LEBEN MINUS LANGEWEILE

„Unser größter Feind ist die Langeweile."
VOLTAIRE (1694–1778)

Nach dem Sozialwissenschaftler H. A. Hartmann leben trotz mancher Konjunkturkrisen die Zweidrittel-Gesellschaften der westlichen Welt noch immer im Überfluss: *„Satt, verwöhnt* und durch ein halbes Dutzend

Policen gegen alle Risiken und Wechselfälle des Lebens weitgehend *abgesichert"* (Hartmann 1996, S. 79). Diese Absicherung, die Risikoarmut und Gefahrlosigkeit suggeriert, provoziert die Menschen gleichzeitig, sich freiwillig Risiken und Gefahren auszusetzen. Andernfalls kommt Langeweile auf, weil sich die Menschen unterfordert und dabei unwohl fühlen.

Die Angst vor der Langeweile des Lebens ist seit jeher eine Antriebsfeder für Aktivität und Risikofreude. Langeweile ist eine Folge von Reizarmut. Das Empfinden von Langeweile galt früher als elitäre Zeitkrankheit (Montesquieu: „Alle Fürsten langweilen sich" – Rousseau: „Das Volk langweilt sich nicht"). Dahinter stand die Vorstellung vom tätigen Leben („vita activa"): Das Volk lebte im Wechsel von Mühe und Muße, von Arbeit und Freizeit, während sich der Adel und die Wohlhabenden ‚fast zu Tode langweilten', weil sie nichts zu tun hatten. Kehrt sich das Verhältnis nun um? Kennen die Mächtigen heute Langeweile nur vom Hörensagen, während die Masse nichts mehr herbeisehnt als ein „Leben minus Langeweile"?

Vieles deutet darauf hin, dass sich die Langeweile im 21. Jahrhundert zu einer schleichenden Zeitkrankheit entwickeln kann. Die Suche und Sucht nach immer mehr Abwechslung erinnert an Kierkegaards klassische Theorie der Langeweile, auf die im Folgenden näher eingegangen wird. Schleichende Zeitkrankheit ist nur eine andere Umschreibung für *Leiden in und an der Zeit*, für die Empfindung (sinn-)leerer Zeit, für die Vorstellung von Überdruss und für die subjektive Feststellung von Unterforderung. Langeweile hat viele Gesichter und Ursachen.

„Im Anfang war die Langeweile" ist die Quintessenz des Philosophen *Sören Kierkegaard* in seiner Abhandlung über „Die Wechselwirtschaft". Erst langweilten sich die Götter: „Darum schufen sie die Menschen. Adam langweilte sich, weil er allein war, darum ward Eva erschaffen.

Von dem Augenblick an kam die Langeweile in die Welt, wuchs an Größe in genauer Entsprechung zum Wachstum der Menge des Volks. Adam langweilte sich allein, alsdann langweilten Adam und Eva und Kain und Abel sich im Familienkreis (en famille), alsdann nahm die Menge des Volks in der Welt zu und langweilte sich en masse. Um sich zu zerstreuen, kamen sie auf den Gedanken, einen Turm zu bauen, der so hoch sei, dass er emporragte in den Himmel. Dieser Gedanke ist ebenso langweilig wie der Turm hoch war, und ein erschrecklicher Beweis dafür, wie sehr die Langeweile überhand genommen hatte. Alsdann wurden sie über die Welt zerstreut, ebenso wie wenn man jetzt ins Ausland reist, jedoch sie fuhren fort sich zu langweilen..." (Kierkegaard 1956, S. 305). Der Mensch auf der Flucht vor der Langeweile, die von Station zu Station durch Neugier so gesteigert wird, dass sie immer wieder in Langeweile endet – ein Teufelskreis.

Aus soziologischer Sicht lassen sich heute vier Arten von Langeweile (vgl. Doehlemann 1991, S. 53) unterscheiden:

- *Die situative Langeweile*
  Hier fühlen sich die Betroffenen vorübergehend eingeengt, eingesperrt, beschnitten und an der persönlichen Entfaltung gehindert – z. B. im Autostau oder in langweiliger Gesellschaft.
- *Die existentielle Langeweile*
  Die Wirklichkeit wird als inhalts- und sinnarm erlebt, das eigene Innere wirkt tot und vertrocknet. Das Gefühl einer inneren Leere bedrückt: „Ich" langweile mich! Ein Leerlauf der Seele mit nagenden Gefühlen.
- *Die überdrüssige Langeweile*
  Das Leben verläuft öde und gleichförmig, alles wirkt banal, spießig und kleinkariert. Mich langweilt „das alles". Und „das alles" steht fast für „die ganze Welt". Der Überdruss

ist eine Folge von Übersättigung. Der inflationäre Genuss verursacht großes Gähnen.

- *Die schöpferische Langeweile*
  Die Leere wird als Chance eines neuen Beginns, als Anreiz zum Gestalten und mitunter sogar als „Schwelle zu großen Taten" (Walter Benjamin) empfunden. „Lange Weile haben" wird zum dynamischen Impuls – der Situation eines „Traumvogels" vergleichbar, der „das Ei der Erfahrung" (Benjamin 1961, S. 417) ausbrütet.

Aus der biologischen Forschung ist bekannt, dass „hektische" Vögel (wie z. B. der Kolibri) kürzer leben als der ruhige Papagei oder Strauß. Andererseits gilt auch: Vögel in Gefangenschaft leben länger. Auch Menschen, die zwangsweise (z. B. Gefängnisinsassen) oder freiwillig (z. B. Nonnen, Mönche) ein ruhiges und geregeltes Leben führen können, haben eine längere Lebenserwartung.

Die Erklärung: Hektiker haben einen sehr viel höheren Stoffwechselverbrauch. Je nach Lebensart ist dieser Energievorrat schneller oder weniger schnell verbraucht. Biologisch gesehen ist in unserem Erbgut ein bestimmter Energievorrat vorhanden. Wenn dieser zu Ende ist, dann ist auch unser Leben zu Ende (vgl. Nuber 1990, S. 26). Öfter „lange Weile" haben und nicht unter hektischer Betriebsamkeit „leiden" kann ebenso lebenswert wie lebensverlängernd sein.

Der amerikanisch-ungarische Psychologe Mihaly Csikszentmihalyi weist in seiner Theorie der menschlichen Motivation nach, dass der Mensch – jenseits von Angst und Langeweile – *im Tun aufgeht:* Dies nennt er *flow-Erleben.* Es ist ein Gefühlszustand, bei dem alle Sorgen ganz weit weg sind. Flow stellt sich immer dann ein, wenn die Anforderungen einer Situation mit den Fähigkeiten einer Person im Gleichgewicht stehen. Daraus folgt:

- Fühlt sich jemand *überfordert,* so dass die Anforderungen die eigenen Fähigkeiten übersteigen, wird die daraus resultierende Spannung als *Angst* erlebt.
- Fühlt sich jemand *unterfordert,* kommt *Langeweile* auf.

Wer also bestimmte Fähigkeiten besitzt, aber wenig Möglichkeiten hat sie anzuwenden, lebt im Zustand der Langeweile. Dass Arbeitslose in besonderer Weise von Langeweile bedroht sind, ist einsichtig. Umso überraschender ist der Hinweis darauf, dass z.B. auch ein erfolgreicher Chirurg in seiner Arbeit vielfältige Langeweile-Situationen durchlaufen muss:

- In reinen (anforderungslosen) Routinerollen empfindet der Chirurg Langeweile.
- Auch die eher mechanischen Aspekte der Chirurgie (wie z. B. das Öffnen und Verschließen) werden als langweilig empfunden.
- Langeweile tritt ebenfalls auf, wenn ein Chirurg in assistierender Rolle an einer Operation beteiligt, also nicht leitend und verantwortlich tätig ist.

In diesen Situationen wird Langeweile empfunden, weil die *Fähigkeiten nicht voll beansprucht werden.* Vielleicht ist dies auch ein Grund dafür, warum manche Beschäftigte ihren mitunter gut bezahlten Job freiwillig aufgeben und lieber das Risiko der Arbeitslosigkeit in Kauf nehmen: Sie können Langeweile auf Dauer nicht ertragen. Wenn es nicht gelingt, das Problem der Unterforderung bzw. Anforderungslosigkeit („nichts zu tun haben") durch Aufgaben mit Herausforderungscharakter zu lösen, werden sich die Gelangweilten „Ersatzbefriedigungen mit Flucht- und Konsumcharakter zuwenden" (Csikszentmihalyi 1991, S. 236). Damit das Leben in der Balance von Anforderung und Lebensfreude erhalten bleibt, ist der *Goldene Schnitt zwischen Herausforderungen und*

Fähigkeiten (vgl. Csikszentmihalyi 1992) anzustreben. Gemeint sind Situationen, in denen sich die Herausforderungen mit den Fähigkeiten der Menschen die Waage halten: Es kommt weder Langeweile noch Unsicherheit bzw. Angst auf.

Nichtstun, Langeweile und Neurose stellen aus psychosomatischer Sicht „einen Erlebniszusammenhang" (Thiele 1966, S. 17) dar. Langeweile als Folge gelebten Nichtstuns zieht längerfristig Sich-krank-fühlen nach sich. Aus dem Widerspruch von Sich-krank-fühlen und doch Nicht-krank-sein-können entstehen Depressionen und Neurosen, die mehr oder weniger geschickt durch eine Scheinproblematik oder Scheinkrankheit kaschiert werden. Gedrückte Stimmung, Verstimmung und Schwankungen des affektiven Befindens bis hin zu psychosomatischen Störungen stellen sich ein.

Gewalt aus Langeweile? Was auf den ersten Blick wie sinnlose Zerstörungswut erscheint, gilt in der Kriminologie als eine „sehr naheliegende Reaktion" (Klinkmann 1982, S. 268). Und wie überdies die Menschheitsgeschichte zeigt, verstärkt Langeweile nicht nur das *Bedürfnis nach Zeittotschlagen,* sondern auch die Lust auf Raub, Kampf, Jagd, Krieg oder Revolution. Zwischen Langeweile und Gewalt bzw. Aggression hat es schon immer einen Zusammenhang gegeben. Aus Langeweile werden nicht selten Mitmenschen gequält. Und ein gelangweilter Mensch, so hat schon Charles Beaudelaire gesagt, würde mitunter „freiwillig die Welt vernichten" (Beaudelaire 1857/1958). Auch Erich Fromm machte Langeweile für die „Erzeugung von Aggressivität und Destruktivität" (Fromm 1974, S. 219) mitverantwortlich. Dies trifft insbesondere für cliquen- oder bandenmäßig organisierte Jugendliche zu, die aus purer Langeweile aggressiv werden können.

Wie eine Repräsentativbefragung von 402 Jugendlichen im Alter von 14 bis 24 Jahren (BAT Freizeit-Forschungsinstitut 1994) nachwies, entlädt sich die leidvoll empfundene Langeweile bei jedem siebten Jugendlichen (w: 13 % – m: 21 %) auf aggressive Weise – vom zeittötenden Aktionismus („Hauptsache action") bis zu möglicher Zerstörungswut („Vandalismus"). Dauerarbeitslosigkeit, monotone Wohnlandschaften und ein mangelhaftes Freizeitangebot können Langeweile explosiv werden lassen. Für die meisten Jugendlichen ist Langeweile am Wochenende unerträglich. Sie reagieren darauf zunächst mit Nervosität und Unruhe, die sie ganz schnell wieder „loswerden" wollen. Die hohe Unfallrate an den Wochenenden könnte auch ein Indiz dafür sein. Die *Langeweile als Gewaltpotential* (vgl. Bellebaum 1990, S. 152) wird in Zukunft nicht nur die Wissenschaft, sondern auch die Politik beschäftigen.

Der amerikanische Psychologe Michael Apter bringt es auf den Punkt: „Wie können wir im ‚Zeitalter der Langeweile' frustrierten Jugendlichen helfen, mit sich selbst und der Gesellschaft Frieden zu schließen und ihre Aktivitäten sowie ihre Beziehungen zu anderen so zu gestalten, dass sie ihnen mehr Erfüllung schenken?" (Apter 1994, S. 21). Kann Risikosport nicht ein sinnvolles Ventil für Aggression, Gewalt und Vandalismus sein?

Die Gründe für jugendliche Gewaltbereitschaft oder Kriminalität sind vielschichtig. In vielen Fällen verbirgt sich hinter Provokationen und Aggressionen von Jugendlichen nur der Hilferuf an die Erwachsenen, ihnen zu einer besseren Lebensqualität zu verhelfen. Die Jugendminister-Konferenz der Länder und des Bundes hat auf ihrer Potsdamer Tagung schon 1992 zum Ausdruck gebracht, dass *Gewaltaktionen häufig Ausdruck der Erlebnisarmut des modernen Lebens* sind – im Beruf genauso wie im außerberuflichen Teil des Lebens (Jugendminister-Konferenz vom 12. Juni 1992). Viele Gewalttätigkeiten nach Feierabend oder am Wochenende resultieren aus Langeweile und Frustration, weil es tagsüber in der Arbeit den Kampf ums Dasein nicht mehr gibt. Nach getaner Arbeit kann man sich nicht mehr als Sieger fühlen. Früher war

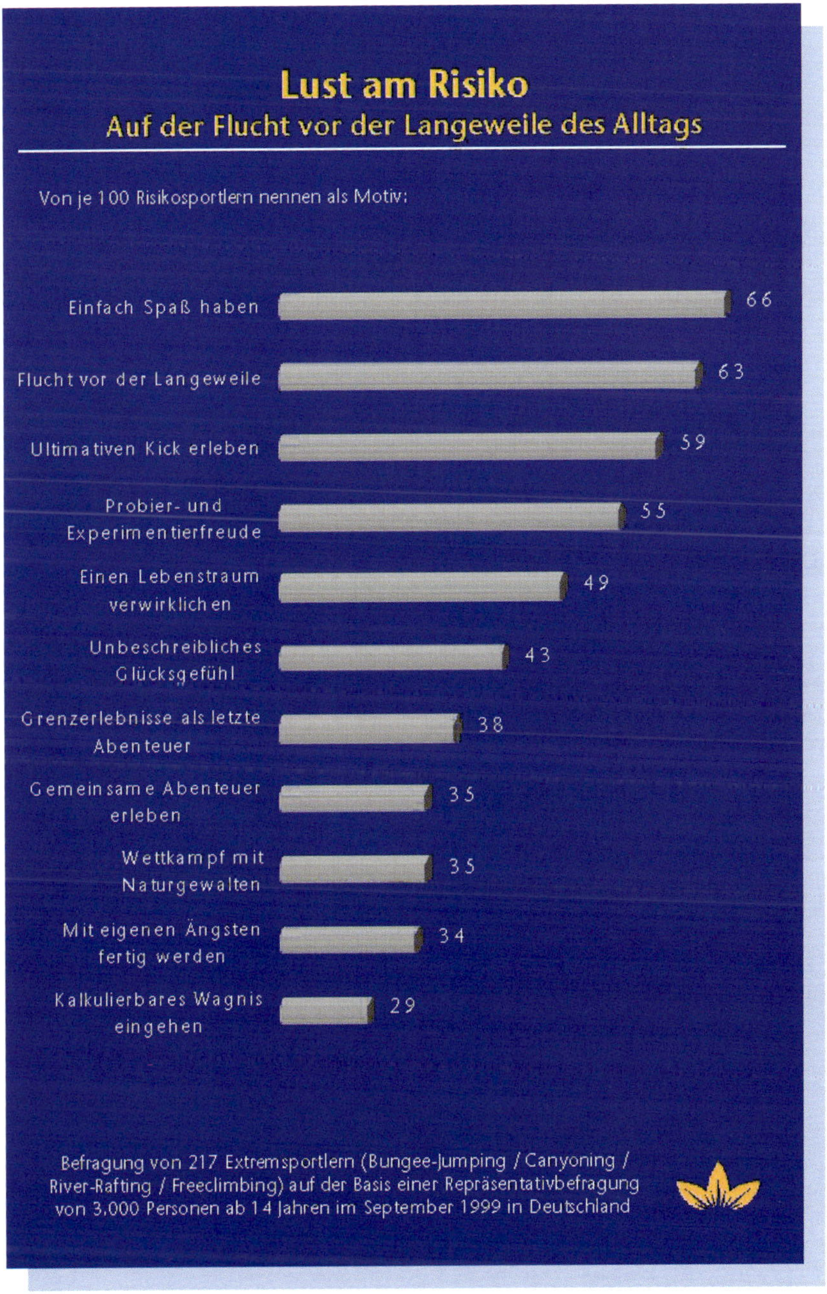
Lust am Risiko
Auf der Flucht vor der Langeweile des Alltags
Von je 100 Risikosportlern nennen als Motiv:
Einfach Spaß haben 66
Flucht vor der Langeweile 63
Ultimativen Kick erleben 59
Probier- und Experimentierfreude 55
Einen Lebenstraum verwirklichen 49
Unbeschreibliches Glücksgefühl 43
Grenzerlebnisse als letzte Abenteuer 38
Gemeinsame Abenteuer erleben 35
Wettkampf mit Naturgewalten 35
Mit eigenen Ängsten fertig werden 34
Kalkulierbares Wagnis eingehen 29
Befragung von 217 Extremsportlern (Bungee-Jumping / Canyoning / River-Rafting / Freeclimbing) auf der Basis einer Repräsentativbefragung von 3.000 Personen ab 14 Jahren im September 1999 in Deutschland

die Arbeit zwar inhumaner, aber auch körperlich anstrengender und erschöpfender. Mitunter musste man sich körperlich verausgaben und war physisch fertig. Heute verlassen viele Arbeitnehmer das Betriebstor körperlich unausgelastet, erlebnishungrig, risikofreudig und angriffslustig. Dieses Defizit muss dann irgendwie ‚abgearbeitet' werden.

LANGEWEILE ALS ZEITPHÄNOMEN
Ursachen und Auswirkungen

- *Normdruck der Protestantischen Berufsethik*
  („Immer was tun müssen")
- *Gesellschaftlicher Leistungszwang*
  (Empfindungen von Nutz- und Wertlosigkeit bei Nichterwerbstätigkeit, z. B. bei Arbeitslosen, Rentnern, Hausfrauen)
- *Konsumhaltung*
  („Auf Knopfdruck konsumieren können; eigene Phantasie und Initiative verkümmert")
- *Kontaktschwierigkeiten*
  („Kontakte kann man nicht kaufen")
- *Materialisierte Lebenshaltung*
  („Unfähigkeit, viel Freizeit mit wenig Geld auszufüllen")
- *TV-Gewöhnung*
  („Gewohnt, alles vorgesetzt zu bekommen. Was man lernt, ist Passivität")
- *Lebensgestaltungsprobleme*
  („Viel Zeit, aber unheimliche Schwierigkeiten, mit sich selbst etwas anzufangen")
- *Fehlender Sinnbezug*
  („Leben ohne Sinnorientierung = sinnlos vertane Zeit")

Im 21. Jahrhundert kann Langeweile nicht mehr nur individualistisch therapiert werden. Die Ursachen der Probleme liegen tiefer; sie sind gesellschaftspolitischer Natur. „Die Langeweile signalisiert, dass es mit der Humanität der Industriegesellschaft nicht zum besten bestellt ist", so analysiert der Theologe Roman Bleistein die Situation. Für ihn ist Langeweile ein Charakteristikum des modernen Menschen, der unter der heutigen *Unverbindlichkeit des Lebens* leidet (Bleistein 1973). Ein vordergründig gelebter Hedonismus verhindert die notwendige Einführung in den Lebenssinn.

Genauso wichtig wie der Raum zum Atmen muss in Zukunft der *Raum für Risiken* werden, damit Langeweile und Lustlosigkeit nicht in Gewalttätigkeit umschlagen: „Wir sollten Gefahren zulassen, in denen nur das abenteuerlustige Individuum selbst Risiken ausgesetzt ist" (Apter 1994, S. 242). Wie beim Stiertreiben in Pamplona sollte das zeitweilige Eingehen von Risiken gesellschaftlich akzeptiert werden. Vorstellbar wäre es auch, insbesondere Jugendliche zum Eingehen von Wagnissen und Risiken geradezu zu ermutigen, solange Mitmenschen und Gesellschaft dadurch nicht bedroht oder geschädigt werden.

„MORE RISK – MORE FUN"
DAS LEBEN ALS RISKO

TEIL 2

1. NEUE FREIHEITEN.
WIE VIEL RISIKO BRAUCHT DER MENSCH?

Der Arbeitsgesellschaft geht die Arbeit aus. Immer mehr Menschen sind gezwungen, nach neuen Betätigungs- und Bestätigungsfeldern Ausschau zu halten, in der sie Herausforderungen und Anforderungen finden. Gesucht wird eine lebenspraktische Wagniskultur, in der Prinzipien vorherrschen wie z. B.

- Freiheit und Selbstbestimmung,
- Spaß am Tun und an einer Aufgabe,
- Lust am Leben und am Schaffen,
- Suche nach Grenz- und Erfolgserlebnissen,
- Stolz auf die Anerkennung durch andere.

Der Wagnisbegriff bleibt dabei nicht mehr allein auf den Beruf beschränkt – er bekommt Konkurrenz vom außerberuflichen Bereich. Ein vielfältiges Profilierungsfeld für Wagemutige. Schon spricht man in der Sozialforschung von sogenannten *„Freizeitkarrieren"* (Eckert u. a. 1990). Insbesondere in der jüngeren Generation entwickeln sich zunehmend neue Qualifikationsprofile als Abenteurer, Sportler oder Globetrotter, die fast professionelle Ansprüche erfüllen und Hobby- und Berufsinteressen miteinander verbinden.

Diese *neuen Risikosucher* finden genauso viele Profilierungsmöglichkeiten vor wie die Karrieristen im Beruf: Aufnahmerituale, Leistungsanforderungen, Konkurrenzsituationen, Selbstdarstellungen und Erfolgserlebnisse. Lediglich die gesellschaftliche Anerkennung bleibt vielen noch versagt. Doch zeichnet sich für die Zukunft ab, dass Aufsteiger und „Workaholiker“ mit ihrem Bekenntnis „Ich arbeite viel für meine Karriere“ um ihr Prestige bangen müssen angesichts des steigenden Kurswertes außerberuflicher Karrieristen wie „Ich bin Tiefseetaucher oder Fallschirmspringer“.

Die Erklärung liegt nahe: Viele Risiken des Lebens scheinen heute durch Unfall-, Kranken- oder Pflegeversicherung abgesichert zu sein. Dadurch wird die Lust am Risiko eher geschürt als gebremst. Eine neue Wagniskultur lässt uns immer wagemutiger und risikobereiter werden – aber fast ausnahmslos nach Feierabend. Ist die Arbeitswelt kein Erfahrungsfeld für Wagnis und Risiko mehr? Stellen Hobby, Sport und Urlaubsreisen die letzten Abenteuer dar?

Wer in großem Wohlstand aufgewachsen ist, sucht immer riskantere Herausforderungen, gefährlichere Sportarten und kühnere Abenteuer. In einem solchen Leben gibt es wenig oder gar keine kleinen Freuden mehr – so wie die, von denen ältere Menschen schwärmen, wenn sie sich an ihr ärmliches Leben in der Jugend erinnern, als ein gutes Essen noch ein großes Ereignis war. Viele Menschen in westlichen Konsumgesellschaften kennen dieses Gefühl nicht mehr und müssen sich künstlich Kompensationen suchen, die mit Aufregung oder Gefahr verbunden sind. Der amerikanische Sozialwissenschaftler Tibor Scitovsky stellt gar folgende Vermutung an: „Vielleicht lässt sich die steigende Gewalttätigkeit unserer Wohlstandsgesellschaft ähnlich erklären“ (Scitovsky 1977, S. 68). *Langeweile, nicht krimineller Geist steckt hinter vielen jugendlichen Straftaten.* So ergeht es einer jungen Generation, die Kriege nur vom Fernsehen kennt und mit Spannung den Amokläufer verfolgt, der

FREIER FALL OHNE FALLSCHIRM! EIN EINMALIGER THRILL !!

ein wenig Abwechslung in die Diskussion um Ladenschluss und Spendenaffären bringt. Kriminalitätsforscher sagen: „Die meisten Verbrechen passieren heute nicht aus Leidenschaft, sondern aus Langeweile“ (SPIEGEL Nr. 49/1999, S. 265).

Gewalttätige Auseinandersetzungen von Jugendlichen gleichen *Eroberungsstrategien,* die körperlich in Szene gesetzt werden: „Unsere Power kann man spüren, wenn es Putz gibt auf der Straße. Unsere Power ist auch, dass wir wenig zu verlieren haben. Das Gefühl von Sicherheit in einer völlig unsicheren Situation“ (Koch 1992, S. 172). Das Los-Powern von Jugendlichen lässt sich jedoch kanalisieren, z. B. durch körperbezogene erlebnispädagogische Programme (vgl. z. B. das Berliner Modellprojekt „Kick“, bei dem Sozialarbeiter erfolgreich versuchen, jugendliche Ladendiebe auf Rennradfahren umzusatteln).

Auch Fußball-Fans leiten unterschiedlichste Motive beim Spielbesuch am Wochenende. Bei den „Hooligans“ kann man unter der Maske der Gewalt ein gemeinsames Motiv ausmachen: *Langeweile als Gewalt-Potential.* Im Berufsalltag mangelt es ihnen an echten, auch körperlichen, Herausforderungen. So wächst die Lust nach Feierabend, überschüssige Energien abzubauen und Aggressionen hemmungslos auszuleben. Sie machen aus der Aggression einen Sport („Hoffen auf einen geilen Fight“). Dabei trifft es nicht zufällig die Fußballszene.

Wer von Armut und Arbeitslosigkeit betroffen ist, sucht als erstes die Geborgenheit, das *Wir-Gefühl in einer aggressiven Subkultur* auf. In Zukunft werden verstärkt Jugendliche aus der Mittelschicht Abenteuer im Umfeld der Stadien suchen, weil ihnen der Berufsalltag zu wenig oder gar keine physischen Anreize bietet. Die griechischen Kampfspiele wie z. B. der Faustkampf oder das Pankration, wo man dem Gegner noch gegen das Schienbein treten und auch beißen durfte, sind ja mittlerweile dem englischen Fairness-Gebot weitgehend zum Opfer gefallen.

Was wird in Zukunft an die Stelle von „panem et circenses" treten? Wird es eine neue *„World of Sports"* geben, in der dann die junge Generation ihre physische Herausforderung findet – vom Felsklettern bis zum Tiefseetauchen, vom freien Fall bis zum Überlebenstraining? Sozusagen kanalisierter Aggressionsabbau, kontrolliertes Risiko, sozial- und umweltverträglich an einem Ort und nicht über das ganze Land verteilt? Schon haben Alpenvereine (z. B. der DAV) damit begonnen, spezielle Trainingscamps – fernab der Alpen – auf Kunstfelsen zu organisieren. Schließlich ist das *Free Climbing am Kunstfels* umweltfreundlicher als das wilde Klettern in der freien Natur. Allein in Deutschland gibt es mittlerweile über fünfzig künstliche Kletteranlagen, die das Naturerleben durch ebenso perfekte wie sichere Technik ersetzen. Aus dem Unfallrisiko wird so ein kalkuliertes Abenteuer.

Vor dem gesellschaftlichen Hintergrund, in dem der einzelne zusätzlich mit unvorhersehbaren Risiken (z. B. Trennung, Scheidung, Arbeitslosigkeit) konfrontiert wird, überrascht zunächst die Tatsache, dass die Menschen freiwillig und zunehmend nach Risiken Ausschau halten, um sich zu erproben und zu bewähren. Es stellt sich die Frage: *Wie viel Risiko braucht der Mensch?*

Jeder Mensch muss im Leben „seine" Risikotreppe gehen. Ein risikofreies Leben ist nicht möglich. Ob als Fußgänger, Inline Skater oder Autofahrer – mit jeder Aktivität und Unternehmung geht oder fährt das Risiko mit. Zwei von fünf Bundesbürgern (39 %) sind daher der Meinung, dass das Autofahren riskant und wagnisreich ist. Autofahrer in Deutschland leben nach Meinung der Bevölkerung gefährlicher als Surfer (17 %) oder Mountainbiker (18 %).

Gefahren birgt auch das Privatleben. Wer sich im privaten Bereich „binden" will, kann zum Gewinner oder Verlierer werden. Mehr als jeder vierte Single im Alter von 25 bis 49 Jahren (27 %) betrachtet bereits das

Eingehen einer festen privaten Beziehung als „Risiko". Wer jedoch eine Familie mit Kindern hat, sieht den Job- und Berufswechsel als größeres Wagnis an (21 %) und stuft feste private Beziehungen nur als geringes Risiko (7 %) ein. In einem sind sich alle einig: Sehr viel größere Gefährdungen gibt es erst bei der Ausübung von Risikosportarten wie River Rafting (70 %), Canyoning (71 %) oder Bungee-Jumping (75 %).

Niemand „muss" solche Risiken eingehen. Und dennoch wächst die Zahl der Risikosportler. Nur zwei Prozent der Bevölkerung haben z. B. Bungee-Jumping „schon einmal ausgeübt". Mehr als dreimal so viele (7 %) wollen diese Sportart in Zukunft „ausprobieren" – frei nach Erich Kästner: Das Leben war immer lebensgefährlich!

Offensichtlich gibt es ein tief verankertes menschliches Bedürfnis, sich riskanten Situationen auszusetzen. Wollen „Hormone aus den archaischen Zeiten des täglichen Überlebenskampfes" (GDV 1998, S. 4) dann und wann auch in zivileren Epochen der Menschheitsgeschichte ausgeschüttet werden? Leben nicht ganze Industrien – vom Survivaltrainer über den Geisterbahnbauer bis zum Bungeebetreiber und Veranstalter von Abenteuerreisen – von der Sehnsucht nach Risiko in Freizeit und Urlaub? Zumindest für diese Lebensbereiche gilt: *Risiko ist nicht die hässliche Schwester der Chance.* Das Risikoerleben im 21. Jahrhundert hat einen Eigenwert bekommen und hat auch etwas mit dem „richtigen Leben" zu tun. Existenzgründer fordern zu Recht mehr „Risikokapital" und Versicherungen sind für die Folgen „kalkulierbarer Risiken" da. Andererseits wird auch die sich ausbreitende „Vollkaskomentalität" kritisiert – von der Reiseversicherung bis zur sicheren Rente.

Zu viel Risiko macht Angst, aber bei zu wenig Risiko im Leben breitet sich Langeweile aus. Also müssen *Risikobereitschaft und Sicherheitsbedürfnis* in eine Balance gebracht werden. Wenn in westlichen Konsumgesellschaften Risikosportarten wie Pilze aus dem Boden schießen,

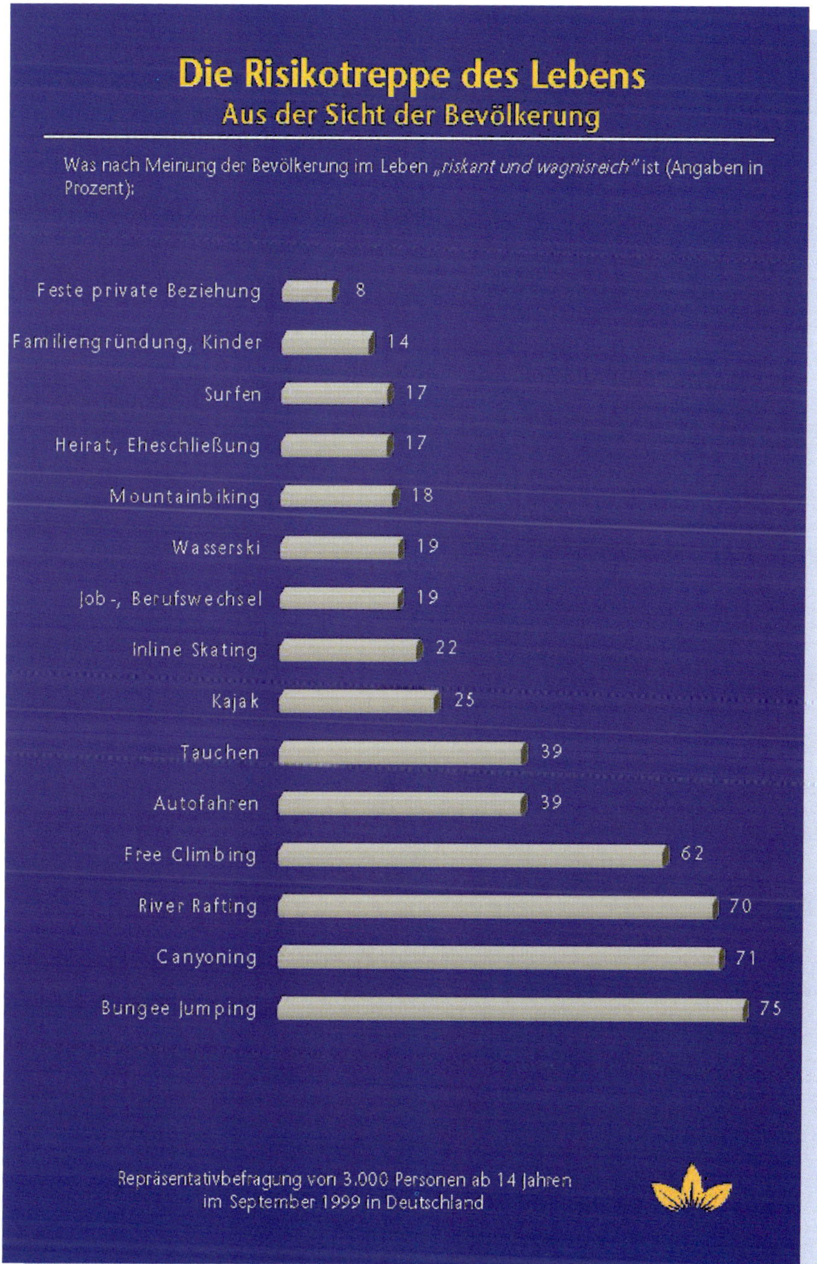
Die Risikotreppe des Lebens
Aus der Sicht der Bevölkerung
Was nach Meinung der Bevölkerung im Leben „riskant und wagnisreich“ ist (Angaben in Prozent):
Feste private Beziehung
8
Familiengründung, Kinder
14
Surfen
17
Heirat, Eheschließung
17
Mountainbiking
18
Wasserski
19
Job-, Berufswechsel
19
Inline Skating
22
Kajak
25
Tauchen
39
Autofahren
39
Free Climbing
62
River Rafting
70
Canyoning
71
Bungee Jumping
75
Repräsentativbefragung von 3.000 Personen ab 14 Jahren
im September 1999 in Deutschland

ist dies ein untrüglicher Beweis dafür, dass Risiko und Sicherheit aus dem Gleichgewicht geraten sind. Die Menschen haben das subjektive Gefühl, insbesondere physisch nicht mehr ausreichend gefordert, ja unausgelastet zu sein. Deshalb treiben sie sich selbst zu besonderen Höchstleistungen an. Nur wer diese erfolgreich besteht, beweist die Fähigkeit, sich noch Herausforderungen stellen und Verantwortung übernehmen zu können: Voraussetzungen für eine *neue Kultur der Selbständigkeit* auch im Berufs- und Wirtschaftsleben. Der Risikobegriff kann also nicht länger nur negativ und pessimistisch besetzt werden. Risiko ist auch *chance and challenge,* selbst bei Risikosportlern, die fast ausschließlich den Thrill und letzten Kick suchen.

HITLISTE DER THRILLS

	Thrillskala
1. BASE-Springen vom Eiffelturm	**10**
2. Freeclimbing ohne Hilfsmittel	**9**
3. Tauchen in Bunker-Katakomben	**8**
4. Bungee-Springen	**7**
5. Begegnungen mit einem GeisterfahreR	**6**
6. Runners High nach 70 Kilometern LanglauF	**5**
7. Drachenfliegen	**4**
8. Ärger mit dem Chef	**3**
9. Doppelte Looping-Bahn	**2**
10. Schwarzfahren	**1**
11. Fernsehen (Lindenstraße)	**0**

Quelle: *„Prinz“. Bremer Stadtmagazin (August 1992)*

2. RISIKO = CHANCE? LEBEN IN DER RISIKOGESELLSCHAFT

Anfang der achtziger Jahre sagte der Autor für die Zukunft eine *Explosion des Erlebnisbereichs* voraus, die Ausbreitung einer *Erlebnisindustrie* und die Entwicklung zu einer *Erlebnisgesellschaft* mit Zügen einer neuen Risikokultur: „Die Neigung zu stimulierendem Abenteuer, begrenzter Gefahr und kalkuliertem Risiko schließt den begrenzten Auszug aus dem Alltag ein: Das ‚Aussteigen auf Zeit' als Urlaubserlebnis, das Überlebenstraining als Wochenendbeschäftigung oder die 48-Stunden-Grenzerfahrung: Erleben, was sonst nur im Kino möglich ist, (z. B. Ausbruchsversuch im Gefangenenlager, Erleben von Pseudo-Wagnissen)" (Opaschowski 1983, S. 91). Das Zeitalter des lebenslangen Müßiggangs werde jedenfalls nicht stattfinden. *Travel* (engl.: reisen) und *travail* (franz.: Arbeit) hätten die gleiche Wortwurzel und deuteten auf das gleiche Phänomen hin: Der Mensch könne auf Dauer nicht untätig in seinen eigenen vier Wänden verweilen.

Wenige Jahre später veröffentlichte der Soziologe Ulrich Beck sein fast epochemachendes Werk „Risikogesellschaft: Auf dem Weg in eine andere Moderne" (1986). Die Menschen auf der Suche nach der eigenen Identität würden sich immer häufiger die Frage stellen: *„Bin ich wirklich glücklich?"* Deshalb, so folgerte er, reisen sie in die letzten Winkel der Erde, „zerbrechen die besten Ehen und gehen [Menschen] in rascher Folge immer neue Bindungen ein. Sie lassen sich umschulen. Sie fasten. Sie joggen. Sie wechseln von einer Therapiegruppe zur anderen. Besessen von dem Ziel der Selbstverwirklichung ..." (Beck 1986, S. 156). Ein solches Verhalten schließe ganz persönliche Risiken ein, die allerdings subjektiv verdrängt und verharmlost würden. Im gleichen Maße, wie die Sensibilität für Risiken wachse, nehme auch die *Tendenz zur Verharmlosung* zu. Im Übergang zur Risikogesellschaft werde am Ende beides verkannt: Risiken und Chancen.

Vielleicht ist es kein Zufall, dass der im Dezember 1999 veröffentlichte Bericht der Zukunftskommission der Landesregierung Baden-Württemberg den Titel trägt: Von der Risikogesellschaft zur Chancengesellschaft. Diese Gesellschaft strebt an, die Risiken zu beherrschen und die Chancen zu nutzen. Sie plädiert für eine *Kultur des kreativen Scheiterns,* in der jeder die Chance bekommt, „immer wieder neu anzufangen", ohne Diskriminierung befürchten zu müssen. In der künftigen Risikogesellschaft muss jeder die Chance haben, kreativ (und nicht depressiv) ein Scheitern zu überleben (Zukunftskommission 1999, S. 120).

Risiko = Chance: das macht die Herausforderung menschlichen Lebens aus. Wer das Leben erfolgreich meistern will, muss es auch als Risiko annehmen. Zwei von fünf Bundesbürgern (39 %) sind der Auffassung, dass z. B. Autofahren in Deutschland besonders riskant ist. Ob gezwungenermaßen bei den Berufsfahrten oder freiwillig bei den Wochenend- und Urlaubsfahrten: *das Risiko fährt immer mit.* In besonderem Maße gefährdet sind Jugendliche, wie die Unfallstatistik an Wochenenden (z. B. bei Autounfällen nach Disco-Besuchen) beweist. Jeder Job-, insbesondere Berufswechsel ist nach Einschätzung der Bevölkerung mit besonderen Lebensrisiken verbunden (19 %) – ein Problem, das sich vor dem Hintergrund des Strukturwandels in der Arbeitswelt noch massiv verschärfen wird. Für viele junge Leute wird der Berufswechsel in Zukunft fast zur Normalität.

Mit dem wachsenden Wunsch nach Individualisierung verstärkt sich auch der Trend zur Vereinzelung. *Bindungsangst* kann die Folge sein. Jeder fünfte Jugendliche im Alter von 14 bis 29 Jahren (20 %) ist mittlerweile davon überzeugt, dass Heiraten und Eheschließung heute ein Lebensrisiko sind. Dies trifft in gleicher Weise für das Vorhaben zu, eine Familie zu gründen (18 %). Und jeder elfte Jugendliche (9 %) betrachtet bereits das Eingehen einer festen privaten Beziehung als Wagnis. In einer Zeit, in der Flexibilität als höchste Tugend gefeiert wird, können

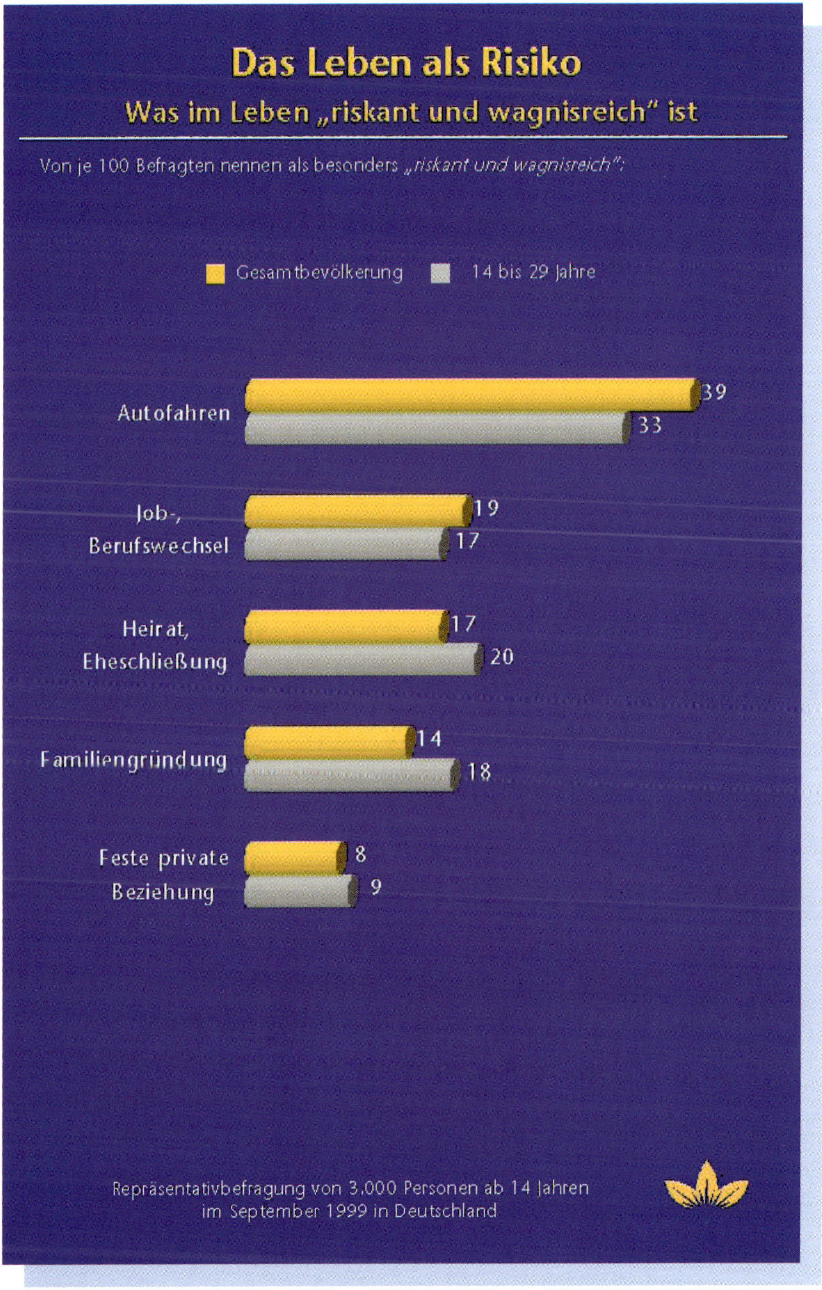
Das Leben als Risiko
Was im Leben „riskant und wagnisreich“ ist
Von je 100 Befragten nennen als besonders „riskant und wagnisreich“:
Gesamtbevölkerung
14 bis 29 Jahre
Autofahren
39
33
Job-, Berufswechsel
19
17
Heirat, Eheschließung
17
20
Familiengründung
14
18
Feste private Beziehung
8
9
Repräsentativbefragung von 3.000 Personen ab 14 Jahren im September 1999 in Deutschland

individuelle Festlegungen und Verbindlichkeiten schnell als persönliche Schwäche ausgelegt werden. Andererseits: Wer keine feste private Beziehung mehr wagt, der kann auch keine soziale Geborgenheit erwarten. Jeder sechste Single im Alter von 25 bis 49 Jahren (16 %) geht festen privaten Beziehungen systematisch aus dem Wege, weil ihm eine Bindung auf längere Zeit oder gar auf Dauer zu riskant erscheint.

In die Zukunft projiziert kann dies bedeuten: Wenn Flexibilität geradezu als „die“ Tugend der Wandlungsfähigkeit gilt, dann müssen Orientierungslosigkeit und Bindungslosigkeit zu neuen gesellschaftlichen Werten werden. Eine flexible Gesellschaft fordert: Bleib in Bewegung, geh keine Bindungen und Verpflichtungen ein und bring vor allem keine Opfer. Zeig dein „Chamäleonsgesicht“ – heute so, morgen so. Fang' immer wieder von vorne an. Das Ziel ist weniger wichtig. Ständiger Aufbruch am Nullpunkt – das ist Risikobereitschaft, das ist totale Flexibilität. Nur: Wenn es keine langfristigen Bindungen und Verbindungen mehr gibt, dann ist das ziellose Dahintreiben beinahe vorprogrammiert. *„Drift“* nennt die moderne Soziologie (Sennett 1998) dieses Verhalten. Hat die Flexibilität als oberstes Wirtschaftsprinzip eine *Gesellschaft von Driftern* zur Folge, in der Treue, Verpflichtung und Verbindlichkeit ihren sozialen und moralischen Wert verlieren?

Die Risikogesellschaft entlässt ihre Kinder in neue Freiheiten: Früher war das Vorhaben „Mit Familie auswandern“ ein großes Wagnis. Wird in Zukunft „Eine Familie haben“ ein noch größeres Risiko sein? Die Familiengründung kann im 21. Jahrhundert zum Risikofaktor des Lebens werden. Vielleicht kommt in Zukunft neben Konflikt- und Kritikfähigkeit auch *Risikofähigkeit als besondere Lebenskompetenz* für die nachwachsende Generation hinzu. Die Frage lautet dann nicht mehr nur: „Wie viel Risiko braucht der Mensch?“, sondern auch „Wie viel Risiko verkraftet der Mensch?“ Oder Risikofähigkeit wird neu als positiver Persönlichkeitswert definiert, der Wagemut und Coolness, Drang nach Neuem und

Lust an der Veränderung mit einschließt. Das Risiko wird zur Chance: Wer Risiken als persönliche Herausforderung begreift, wird die Höhen und Tiefen des beruflichen und privaten Lebens besser meistern können.

3. ANGST VORHER – LUST NACHHER. THRILLING ALS NEUE FREIZEITBEWEGUNG

„Der Mensch will diesen Kick.
Wo soll er ihn sonst herbekommen?
Also schaffen wir uns den Thrill selbst.“
Werner Stengel, Ingenieur und
Achterbahn-Konstrukteur

Die soziologische Theorie, derzufolge Freizeit nur in ihrem Verhältnis zur Arbeit betrachtet wurde und derzufolge sie primär der Erholung und Entspannung dienen sollte, ist mittlerweile überholt. Anders ist es kaum zu erklären, warum immer mehr Menschen nach Feierabend, am Wochenende und im Urlaub mehr Spannung als Entspannung, mehr Erlebnis als Erholung suchen. In den Abenteuern kommt zum Ausdruck, dass die Menschen *ein bestimmtes Aufregungs-, Spannungs- und Konfliktniveau brauchen,* ja ein elementares Bedürfnis nach erregenden Erlebnissen (z. B. Schrei in der Achterbahn) haben.

So gesehen muss die soziologische Erklärung der Freizeit als bloße Erholung von Arbeitsbelastungen oder Entspannung von Arbeitsanstrengungen viel zu kurz greifen. In dieser Sichtweise werden Spannungen nur negativ bewertet, die man ganz schnell irgendwie „loswerden“ muss. Das Gegenteil ist oft der Fall, d. h. die aufregenden Freizeiterlebnisse müssen als „gesellschaftliche Erscheinungen eigener Art“ bewertet werden (Elias/Dunning 1971, S. 133). Der *Drang nach Neuem,* das

Streben nach neuen Dingen und Ideen gehört heute zu den wichtigsten Quellen menschlicher Bedürfnisbefriedigung.

Zu wenig Neues ist langweilig, zu viel Neues stressig. Das Angenehme liegt zwischen den Extremen des Zuviel und des Zuwenig. Dies erklärt die Paradoxie, dass auch zuviel des Guten schlecht sein kann: Viele Menschen, die plötzlich eine unerwartet gute Nachricht erhalten, weinen. Dazu gehört auch das *Syndrom der Überreizung* bei Kindern. Es ist erstaunlich, dass ein Tag im Grünen oder eine Geburtstagsfeier, die schließlich dazu da sind, Vergnügen zu bereiten, nicht selten mit Weinen und schlechter Laune enden (vgl. Berlyne 1974).

Auch *Aggressionen im Straßenverkehr* müssen vor diesem erlebnispsychologischen Hintergrund gesehen werden: Viele Pkw-Fahrer brauchen und missbrauchen ihr Auto für den „Nervenkitzel“ – sie überholen, drängen ab, behindern oder nötigen, suchen fast den Zweikampf auf der Straße. So wird aus einem individuellen Fahrvergnügen eine Gefahrenquelle für viele. Sicher auch eine Erklärung dafür, warum seit den fünfziger Jahren eine halbe Million Bundesbürger auf den deutschen Straßen starben – mehr Menschen also, als die Städte Flensburg, Mainz und Kassel zusammen an Einwohnern haben. In dreißig Jahren, so haben Verkehrsplaner errechnet, wird – mitten unter uns – eine Großstadt wie Essen „völlig ausgerottet“ (Bastian/Bonhoeffer 1990, S. 83) sein.

Psychoanalytische Forschungen sprechen mittlerweile ganz offen von einem „destruktiven Automobilmissbrauch“ (Hilgers 1991, S. 541). Dahinter verbirgt sich der Glaube, bzw. die Illusion, buchstäblich selbst sein Schicksal lenken zu können: Aggressives Fahren wird als „gern sportlich fahren“ ausgelegt. Wenn Automobilität zur Erlebnismobilität wird, geht es im Grunde nicht mehr um ein paar Meter oder Sekunden, sondern um ein „Stück Identität“. Das Ausmaß durchgestandener Ängste erhöht die eigene Größe; Angst (vorher) und Lust (nachher) gehen eine schicksalhafte Verbindung ein: Jeder bestandene Nervenkitzel ist eine wichtige Etappe der Autonomie-Entwicklung – eine Art *Angstlust („Thrill“)*.

THRILL

Ein ausschließlich englisches Wort, für das es in anderen Sprachen keine Entsprechung gibt. Es ist erst im späten 19. Jahrhundert entstanden. Das englische Wort „Thrill“ lässt sich ins Deutsche nicht angemessen übersetzen; es bedeutet Angstlust, Spannungsreiz, Nervenkitzel oder Wagnis. Das Verb „thrill“ wird sowohl in der aktiven Form „it is thrilling“ (es ist erregend) als auch in der passiven Form „I am thrilled“ (ich werde durchschauert) gebraucht. Die Mischung aus Furcht, Wonne und zuversichtlicher Hoffnung angesichts einer äußeren Gefahr ist das Grundelement jeder Angstlust (thrill).

Jahrhundertelang war es üblich, dass Artisten, Akrobaten, Gaukler, Seiltänzer („funambuli“) oder sattellose Reiter („desultores“) bei den Zuschauern Spannungsreize weckten. Die Zuschauer blieben dabei passiv und erlebten den Nervenkitzel durch Identifikation. Erst im 19. Jahrhundert – mit dem Aufkommen des modernen Sports in England und des Alpinismus in der Schweiz – wurden die Zuschauer zu Akteuren.

„Thrill“ (vgl. Balint 1991), also eine Mischung aus aufregendem Erlebnis und prickelndem Gefühl, könnte zur neuen Maßeinheit für das Erlebniszeitalter der Zukunft werden. Extremerlebnisse würden dann nach *Thrill-Einheiten* bewertet und an der *Thrill-Zahl* könnte man das *Ausmaß durchgestandener Ängste* ablesen. Und was bei den Naturvölkern früher die Initiations- und Aufnahmeriten waren, würden in Zukunft selbstgewählte Thrills in einer scheinbar grenzenlos freien Welt sein: „Ich komme überall durch“ oder „Ich bin der, der das geschafft hat“. Der Mensch der nachindustriellen Gesellschaft muss sich in Zukunft seine Herausforderungen „nach der Arbeit“ selbst schaffen, um das Gefühl zu haben, jemand zu sein. Risikoerlebnisse haben Ventilfunktion. Was sollte sonst an ihre Stelle treten?

Was bringt beispielsweise Urlauber dazu, die „schönsten Wochen des Jahres" ausgerechnet in Krisengebieten zu verbringen? Es ist eine Mischung aus Phlegma und Gewohnheit („Mir wird schon nichts passieren") und ein wenig Nervenkitzel – fast eine neue Art *Fronttourismus.* Während des jugoslawischen Bürgerkriegs hielten sich Tausende deutscher Urlauber dort auf, schlugen alle Warnungen in den Wind und erlebten die Kämpfe einmal ganz aus der Nähe. Und trotz der Entführung deutscher Urlauber riss der touristische Strom von Campern und Caravanern in den Südosten der Türkei nicht ab. Dagegen mussten ohnehin vorhandene Risiken fast als Normalität erscheinen: Cholera in Südamerika, Malaria in Kenia, Kriminalität in New York, Waldbrände in der Provence. *„Urlaub mit Gefahr"* (nicht unbedingt in Gefahr) wird weiterhin gesucht.

Mit dem Verlust der Angst um das physische Überleben, das tägliche Brot und die soziale Absicherung werden Kräfte im Menschen frei, die er ausleben möchte. „Riskanter leben" heißt der neue Erlebnishunger. In Anlehnung an die Typenlehre des englischen Psychologen Michael Balint (1991) lassen sich drei verschiedene Thriller unterscheiden:

- **Aggressive Thriller**
  Sie bieten Gelegenheiten zum Erproben der rohen Kraft und haben ihren Ursprung in den Wurf- und Schießbuden auf Jahrmärkten. Hier darf ganz legal zertrümmert und geschossen werden. Aggressive Thriller stellen ein Sicherheitsventil für aufgestaute Gefühlsregungen und Spannungen dar, die im Arbeitsalltag unbefriedigt bleiben müssen und auf periodische Entlastungsmöglichkeiten in Freizeitsituationen angewiesen sind. Auf dem Sport- und Spielplatz, der Kirmes und im Videospiel darf man den Aggressionen freien Lauf lassen (nach dem alten Jahrmarktsprinzip *„Haut den Lukas"*).

- **Thriller mit Gleichgewichtsstörungen**

Immer raffinierter werdende Achter-, Looping-, Berg- und Talbahnen verursachen Schwindelgefühle. Dabei wird eine bestimmte Form von Angst geweckt, die sich als Verlust des Gleichgewichts, der Standfestigkeit und des zuverlässigen Kontakts mit dem sicheren Erdboden beschreiben lassen.

Mit 310 Fuß (= 95 Metern) Höhe übertrifft z. B. „Millennium Force“ in Cedar Point (Ohio), die höchste Achterbahn der Welt, selbst die Freiheitsstatue in New York. *Höher, schneller und extremer.* Die Wagemutigen stürzen sich freiwillig mit einer Stundengeschwindigkeit von 152 Kilometern aus 95 Meter im 80-Grad-Winkel in die Tiefe. In Deutschland heißen die Achterbahnen „Euro-Star“, „Viper“, „Batman Ride“, „Stratosphere Coaster“ oder „Lethal Weapon“. Sie dienen nur einem Ziel: dem angstvollen Aufstieg und dem lustvollen Absturz. Eine Art kollektives Bungee-Jumping.

- **Thriller mit Glücksspielcharakter**

Offen oder leicht getarnt werden Glücksspiele als Geschicklichkeitsspiele angeboten – das Spektrum reicht von Lotto, Toto und Pferdewetten über Bingo und Glücksspielautomaten bis hin zu Spielcasinos. Dahinter verbirgt sich der archaische Glaube an das Glück und an übernatürliche Kräfte. So wird der alte Kampf um das zum Leben Notwendige in Zukunft durch freiwillig gewählte Thriller weitgehend ersetzt: Durch das absichtliche Sich-dem-Glück-Risiko-Wagnis-Aussetzen, immer verbunden mit der zuversichtlichen Hoffnung, dass alles schließlich gut und glücklich enden werde.

„Thrilling“ kann in Zukunft ein neuer Erlebnistrend werden, der vor allem junge Menschen auf Trab bringt und in Atem hält. Die Erfinder einer einfallsreichen Vergnügungsmaschinerie („Amusement Machine“, Murphy 1951) werden schon dafür sorgen, dass wir nach den traumatischen Thrillern unsere Sicherheit wieder zurückgewinnen. In Erinnerung bleiben zwei wichtige Erfahrungen: Erstens können Spannungen unter gerade noch erträglichen Bedingungen abreagiert werden. Und zweitens vermittelt „Thrilling“ das Erfolgserlebnis, mit einigen der eigenen Ängste fertig zu werden und das Leben als Herausforderung anzunehmen. Für die Erlebnisindustrie aber wird die ständige Suche nach Thrillern zu einer fast unlösbaren Aufgabe. Jedes Jahr muss ein neuer Nervenkitzel her. Der Erlebniskonsument ist unerbittlich, und er verlangt nach immer neuen Attraktionen.

4. RISIKOTOURISMUS. URLAUB ALS LETZTES ABENTEUER

„Risikosport-Unfälle werden künftig
so normal wie Flugzeug-Abstürze sein“
Peter Zellmann, Sport-, Freizeit-
und Tourismusforscher in Wien

Die generelle Einstellung nimmt zu, auch die Reise in den Urlaub als letztes Abenteuer anzusehen (1990: 9% – 1998: 14%). Safaris, Rundreisen und Trekkingtouren „in weit entfernten unerschlossenen Gegenden“ üben eine besondere Faszination aus. Jeder dritte Jugendliche träumt davon.

Dem Abenteuerurlaub haftet etwas Ungewöhnliches, Außergewöhnliches, auf jeden Fall Nichtalltägliches an. Der Alltag wird abge-

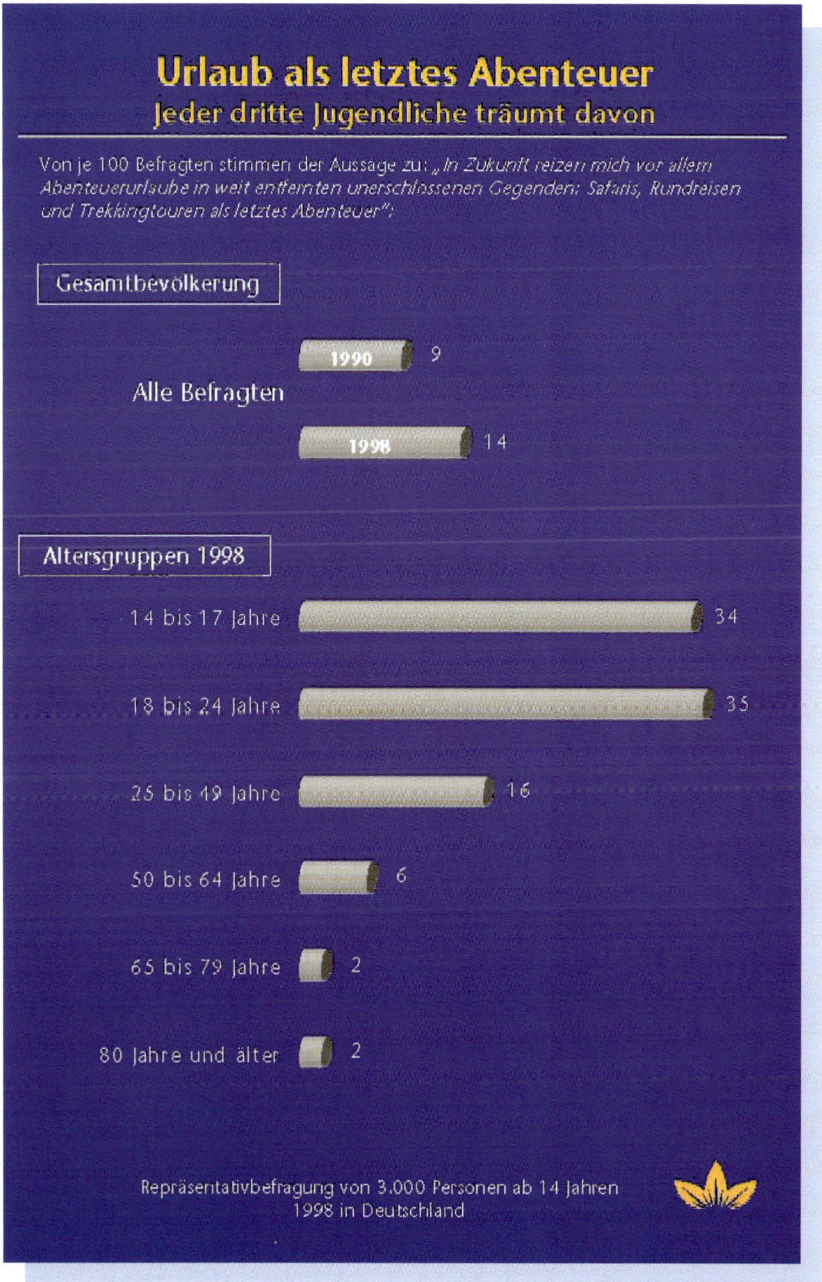
Urlaub als letztes Abenteuer
Jeder dritte Jugendliche träumt davon
Von je 100 Befragten stimmen der Aussage zu: „In Zukunft reizen mich vor allem Abenteuerurlaube in weit entfernten unerschlossenen Gegenden: Safaris, Rundreisen und Trekkingtouren als letztes Abenteuer“:
Gesamtbevölkerung
Alle Befragten
1990
9
1998
14
Altersgruppen 1998
14 bis 17 Jahre
34
18 bis 24 Jahre
35
25 bis 49 Jahre
16
50 bis 64 Jahre
6
65 bis 79 Jahre
2
80 Jahre und älter
2
Repräsentativbefragung von 3.000 Personen ab 14 Jahren 1998 in Deutschland

schüttelt, und der Urlaub zum Abenteuer auf Zeit. Der Abenteuerurlauber will und muss etwas erleben. Der Urlaub wird zum letzten Abenteuer. Urlaub als angst- und lustvolles Erlebnis hat noch eine große Zukunft vor sich. Und es wird in Zukunft immer schwieriger werden, im Massentourismus *Erlebnisse mit Ernstfallcharakter* anzubieten.

Der Tourismus, der größte Arbeitgeber der Welt, kann im 21. Jahrhundert fast alles ertragen – Kriege, Krisen und Konflikte – nur eines nicht: Langeweile. Wenn die organisierte Reise durch Rundum-Sorglos-Pakete zu professionell, perfekt und sicher wird, kommt zwangsläufig Langeweile auf. Die Gefahr besteht, dass die Urlaubsangebote der Reiseveranstalter bald nicht mehr mit den Erlebniserwartungen der Urlauber übereinstimmen. Das aber kann folgenreich sein.

„Erleben“ heißt doch, Außergewöhnliches „erfahren“, was über das gewöhnliche Leben hinausreicht und Grenzübertritte vom Gewohnten zum Ungewohnten erlaubt. So gesehen stellen *Abenteuer im Urlaub* Erlebnissteigerungen dar, die zeitlich und räumlich befristet von kulturellen Standards des Alltags abweichen: „Im Abenteuer manifestieren sich Wunschbilder, Tagträume und Utopien“ (Köck 1990, S. 9) von einem anderen und/oder besseren Leben. Andererseits unterliegt das

ABENTEUER
Definition aus dem Jahre 1807

„Ursprünglich Gefahr und Wagnis auf ungewissen Ausgang. Jetzt versteht man darunter in scherzhaftem oder verächtlichem Sinne einen seltsamen, wunderbaren wohl auch gefährlichen Zufall, der aber doch nicht schlimm endet: Ein Abenteuer bestehen. Ein Abenteuer wagen. Auf Abenteuer ausgehen.“

Quelle: *Joachim Heinrich Campe: Wörterbuch der deutschen Sprache (1807), Band 1, Hildesheim/New York 1969, S. 14*

Wort „Abenteuer“ derzeit der Gefahr des inflationären Gebrauchs, da mit ihm fast alles bezeichnet wird, was nicht der Norm oder dem Normalen entspricht, vom Abenteuerspielplatz und Abenteuerpark bis hin zum Abenteuerurlaub. Eine große Bedeutung werden in Zukunft riskante *Wildniserlebnisse* bekommen, bei denen Naturgewalten für nachhaltige Sinneseindrücke sorgen. Dazu gehören

- Wilde Wasserfälle
- Naturabenteuer bei Kanutouren
- Gipfelerlebnisse
- Fahrten durch die Wüste
- Überlebenstraining in der freien Natur

u. a.

Die Nähe zur Wildnis ist die Hauptsache. „Wildnis“ ist im Verständnis satter Erlebniskonsumenten nur ein anderes Wort für *Ursprünglichkeit und Unberührtheit.* Vielleicht wird es in Zukunft lange Wartelisten geben, um z. B. am Fuße des Mount Everest campieren zu können.

Und wo die Ursprünglichkeit einer Urlaubsregion nicht mehr vorhanden oder Wildnis nicht mehr spürbar ist, können ersatzweise *Wildheitserlebnisse* geboten bzw. inszeniert werden: Also „Thrilling“ im Urlaub als Ausdruck höchster Lebens- und Risikofreude, Angstlust zwischen prickelndem Gefühl, eiskaltem Schauer und letztem Kick. *Viel Spannung, ein wenig Gefahr und kein bisschen Langeweile.*

Unverzichtbar werden dabei (neben entsprechendem Outfit) Abenteuer-Utensilien sein, die die Erlebnisindustrie in Serie bereitstellt wie z. B. isotonische Leistungsgetränke und gefriergetrocknete Nahrung, Wasserentkeimungstabletten und Thermo-Unterwäsche, Leichtgewichts-Schlafsäcke und Höhenmesser, Isoliermatten und Sturmzelte.

REIF FÜR DAS RISIKO:
WILDNIS- UND WILDHEITSERLEBNISSE AUF BESTELLUNG
Angebote aus Reisekatalogen

- Mit Bus und Boot durch Guyana
- Erkundungen im Regenwald auf Borneo mit Booten, Jeeps oder zu Fuß
- „Abenteuer-Wüste“ mit Wanderung, Kamelritt und Landrover-Tour
- Motorboot, Kanu, Bus, Jeep und kleine Flugzeuge sind die Transportmittel, mit denen die Gäste tropische Regenwälder, ursprüngliche Indio-Dörfer und spektakuläre Wasserfälle erkunden
- Tauchsafari auf den Malediven

Mit *Abenteuer-Wear* und *Outdoor-Clothing* kann man sich im Risikotourismus ganz individuell von der Touristenkleidung der Masse abheben. Was früher Karneval und Kostümierung waren, werden in Zukunft Risikotourismus und Reiseausrüstung sein: Der legale Ausstieg aus dem Alltag in einer Mischung aus Lebenslust und Sicherheitsventil garantiert, dass auch in Zukunft die Freude am Leben und am Arbeitsalltag erhalten bleibt. Um die Normalität der Urlaubsreise vergessen zu machen, bekommen Accessoires und Aktivitäten abenteuerlich anmutende Bezeichnungen wie z. B.

- Trekking statt Wandern,
- Rafting statt Schlauchbootfahren,
- Mountainbiking statt Fahrradfahren,
- Off-Road-Tour statt Autofahrt,
- Outdoor-Living statt Zelten.

Risikotourismus ebnet den Weg für neue Karrieren: *Wild auf Urlaub – reif für die Wildnis!* Als Karrierist musste man früher unbedingt „Akademiker“ werden, in Zukunft kann es auch ein „Abenteurer“ sein. Die Karriereleiter im Urlaub beginnt beim Reisen auf eigene Faust, das nach immer größeren Herausforderungen (= einzelnen Sprossen der Karriereleiter) verlangt. Zum Abenteuer-Karrieristen gehört das Risikoerlebnis, also *Restrisiko inklusive,* z. B. die Begegnung des Tauchers mit dem Hai zwischen Mutprobe und Thrill (Bahamas: „Wir garantieren, dass Sie Haie sehen. Andernfalls Geld zurück").

Nepal, die höchstgelegene Region der Erde, symbolisiert den unaufhaltsamen Drang zu Höherem und Höchstem. Das Karriereerlebnis setzt bei Dritte-Welt-Touristen bereits zu Hause im Tropeninstitut mit den Impfungen ein: „Mit den Injektionen gegen Cholera, Malaria oder Gelbfieber wird der Noch-Alltagskörper mit einer ‚Kanüle Exotik' durchsetzt und auf die Erlebniswelt vorbereitet" (Köck 1990, S. 107). Dieses Ritual ist vergleichbar mit dem Akklimatisieren professioneller Bergsteiger, die zur Vorbereitung auf eine Expedition ein Höhentraining in den Alpen durchführen.

Risikotourismus, das ist Urlaub mit Höhen und Tiefen zwischen Almenglück und Nervenkitzel unter Wasser (Lufthansa-Werbung: „Piranhas warten im Amazonas"). Eine boomende Erlebnisindustrie kann auf diesen Risikofaktor nicht mehr verzichten. Die *Angebote für Zivilisationsdeserteure* sind vielfältig:

- *Inka-Trail:* Abseits ausgetretener Pfade mit Booten, Bikes und Boots das Land von Perus Ureinwohnern entdecken.
- *Maultier-Trail* durch den bergigen Regenwald.
- *Vulkan-Trekking:* In der Mitte der Welt Abenteuer rund um den Äquator. Besteigung des Vulkans Tungurahua (5.087 m hoch).
- *Dschungel-Exkursion:* Mit Einbäumen zu Schamanen.
- *Steilwand-Tauchen:* Mit dem Schoner ab Bali in die Tauchgebiete der Celebes-Seegärten, einem 1.200 m tiefen Graben.
- *Cessna 172-Woche:* Eine Woche lang in einer Cessna 172 von Arizona bis Kalifornien fliegen. Höhepunkt: Monument Valley von oben mit einem Schampusglas in der Hand.

Für Risikotouristen gilt: Wer überall schon war, war hier noch nie.

Beim Wettrennen um die letzten Abenteuer braucht niemand auf den gewohnten Komfort zu verzichten. 5-Sterne-Schiffe unternehmen Expeditionen in den Urwald. Auf den Fährten Alexander von Humboldts garantieren exotische Amazonas-Kreuzfahrten *Wildnis pur* und gleichzeitig *Luxus satt.* Urlaubsfaszination im Über-Fluss, in der grenzenlosen Weite des größten Flusses der Welt. Ein Angebot für *Soft-Adventure-Touristen.* Semiprofessionelle Abenteuerkarrieristen, die mehr riskieren wollen, können eines Tages vermutlich live beim nächsten Vulkanausbruch dabei sein, sich vorübergehend in der Erdbebenzone aufhalten oder sich einfach im Regenwald aussetzen lassen. Ein solcher Risikotourismus schafft krisensichere Arbeitsplätze für neue Lebensversicherungen.

Aus dem Erlebnistourismus des 20. Jahrhunderts kann also im 21. Jahrhundert der Risikotourismus werden. Der Ausnahmezustand wird dann zum Normalzustand, und die Risikogesellschaft läuft im Risikotourismus auf vollen Touren. Urlauber machen zunehmend die Erfahrung, dass immer weniger Urlaubsgebiete zur ‚heilen Welt' gehören. Sie haben sich daran gewöhnt, dass viele Urlaubsregionen auch Krisengebiete sind. Der Gewöhnungseffekt bewirkt, dass sie eine Urlaubsreise in Krisengebiete nicht für gefährlicher halten als einen Stadtaufenthalt in New York, Neapel, Moskau oder Berlin. Nach ihrer subjektiven Einschätzung birgt selbst das Autofahren in Deutschland mehr Risiken.

Das gewandelte Krisenbewusstsein verändert den Service der Touristikbranche. Alle größeren Reiseveranstalter richten spezielle *Informationsdienste für Krisengebiete* ein, die vor allem besorgte Angehörige und Daheimgebliebene auf dem Laufenden halten. Auch das Auswärtige Amt informiert Urlaubsreisende, gibt Verhaltenstipps oder weist auf Sicherheitsrisiken in Krisenregionen hin. Mit der zunehmenden Gewöhnung an Krisenmeldungen verändert sich zugleich die Hemmschwelle für potentielle Risikotouristen. Wenn einen Urlauber also im letzten

Moment vor Antritt der Reise wider Erwarten der Mut verlässt, ist eine Stornierung oder Umbuchung der Reise durch den Veranstalter kaum mehr möglich. Dafür müssten die Warnstufen des Auswärtigen Amtes wenigstens die Stufe 3 erreicht haben, ab der ausdrücklich von Reisen abgeraten oder zum Reiseverzicht aufgerufen wird.

In der Tourismusindustrie hat man zukünftig vermutlich keine Angst vor Kriegen und anderen Krisen mehr. Die Bürger in den westlichen Wohlstandsländern wissen: „Die ganze Welt ist zur Zeit ziemlich verrückt – absolut sicher lebt niemand“ (Serge Trigano CLUB MEDITERRANEE). Demnach brauchen Touristen keine Kugelwesten und Schutzhelme zu tragen.

Der Risikotourismus kann zur großen Marktnische für kleinere Reiseanbieter werden. Für Nepal-Reisende könnte ein Besuch im tibetanischen Flüchtlingslager attraktiver werden als das Bestaunen der Berge. Auf den gewohnten Komfort und Luxus braucht auch dann nicht verzichtet zu werden, denn selbst Luxushotels im Sklaven-Verlies sind möglich. Während z. B. die UNESCO Ghanas Festungen zum Weltkulturerbe erklärt hat, plant das zuständige Tourismusministerium auf dem 1482 von den Portugiesen an einer Lagune erbauten „Elmina Castle“ Luxushotels für zahlungskräftige Touristen – an dem Ort, wo bis zum Verbot der Sklaverei Millionen Sklaven unter menschenunwürdigen Verhältnissen dem Schiffstransport nach Amerika entgegendämmerten.

Eine Sonderform des Risikotourismus stellt der *Militärtourismus* dar. In Russland können Abenteuerlustige in MiG-Kampfflugzeugen mitfliegen oder in Übungsmaschinen für Kosmonauten die Schwerelosigkeit erproben. Künftig werden ihnen auch Reisen in U-Booten und Schlachtschiffen angeboten werden. Der Militärtourismus wird als neue Devisenquelle erschlossen. So bietet beispielsweise heute schon der japanische Reiseveranstalter SADAAKI MATSUI von Kronstadt bei St. Petersburg aus eine sechsstündige U-Boot-Fahrt in der Ostsee an. Kriegsschiffreisen (mit oder ohne Raketen) sind keine Utopie mehr.

Vor diesem Hintergrund kann es nicht weiter überraschen, dass ernst gemeinte Strategien für den Risikotourismus des 21. Jahrhunderts erdacht und entwickelt werden. Dazu gehören:

- *Die Strategie des konstruierten Unfalls*
  Das Urlaubsangebot enthält eine Unfallgarantie. „Unfallteams" sorgen dafür, dass dem Touristen vor Ort etwas zustößt (z. B. im Rahmen von Survival-Angeboten).
- *Die Strategie des gesuchten Unfalls*
  Dazu gehören Krisen- und Kriegsgebiete. Das Fronttourismus-Erlebnis wird gesucht, das Erlebnis total unter schwierigen Lebens- und Überlebensbedingungen.

Sogenannte *Risikoforscher* finden in Zukunft ein neues Tätigkeitsfeld: „Risikotourismus ist machbar. Unfälle lassen Träume wahr werden, die man für Geld kaufen kann" (Kurtz 1994, S. 188). Kann der Urlaub im künftigen Erlebniszeitalter nur noch als totales Risiko überleben? Was aber passiert, wenn selbst das totale Risiko normal und langweilig wird? Für die Tourismusindustrie des 21. Jahrhunderts eine fast unlösbare Aufgabe. Der Urlauber ist unerbittlich: Er verlangt nach immer neuen Aufregungen und sucht in jedem Urlaub einen neuen Nervenkitzel. Ein Prototyp des Urlaubers könnte in hundert Jahren *atemlos gelangweilt* sein.

TEIL 3

„NO SPORTS"
SYSTEM SPORT: MEHR ÜBERGANG ALS UNTERGANG

„Der künftige Freizeitsport wird eine multifunktionale Mischung aus Sport, Spiel, Spaß und Geselligkeit sein und im Vergleich zu anderen Freizeitinhalten eine überdurchschnittlich starke Faszination ausüben."
H. W. Opaschowski. In: Über das Spiel hinaus.
XX. Olympische Spiele München (1972)

1. VOM ALTEN SPORTVERSTÄNDNIS ZUR NEUEN BEWEGUNGSKULTUR

In Deutschland gibt es etwa 90.000 Sportvereine. Der organisierte Sport feiert sich selbst als „Deutschlands größte Bürgerinitiative" (DSB-Präsident). Millionen von Aktiv- und Gelegenheitssportlern nutzen das vielseitige Spektrum vom Einspartenverein (mit zwanzig Mitgliedern) bis zum Großverein (mit über zehntausend Mitgliedern). Andererseits erschüttert ein grundlegender Struktur- und Wertewandel das Sportsystem in seinen Fundamenten, der bereits Anfang der achtziger Jahre vorausgesagt wurde (Opaschowski 1981, S. 9 ff):

- Als Ausdruck eines freizeitorientierten Lebensgefühls entwickle sich eine neue Form des Sporterlebens, in dessen Mittelpunkt *das persönliche Wohlbefinden* – auch und gerade für Ungeübte – stehe.
- Eine deutliche Entinstitutionalisierung sei im Alltagsverhalten beobachtbar. Die *Flucht aus den Institutionen* drohe mit der Folge jederzeit kündbarer Zeitmitgliedschaften, Engagements auf Zeit oder auf Abruf.
- Neue Bewegungsangebote breiteten sich aus – *ohne Zwang zur Vereinsmitgliedschaft*. Ein Umdenken in den öffentlichen Sporteinrichtungen tue Not, denn die kommerziellen

Anbieter seien nicht mehr aufzuhalten in einer Zeit, in der sich die Sportbewegung zusehends individualisiere.

Der Deutsche Sportbund (DSB) konnte seinerzeit noch gelassen reagieren und ein Umdenken für entbehrlich halten: „Wir werden kein Land der Fitness-Center und Sportstudios wie Amerika“ (DSB-Präsident Willi Weyer 1983). Inzwischen hat die Konsumwelle den organisierten Sport geradezu überrollt.

Bis in die siebziger Jahre hinein galt der Sport als die herrlichste Nebensache der Welt. Doch danach wurde der Sport für viele Menschen fast zur Hauptsache des Lebens. Niemals zuvor hatte der Sport weltweit eine so große individuelle und auch gesellschaftliche Bedeutung wie in dieser Zeit. Die Zahl der Sporttreibenden nahm explosionsartig zu. Im Deutschen Sportbund (DSB) überschritt die Mitgliederzahl erstmals die magische 20-Millionen-Grenze.

PROGNOSE FÜR DIE JAHRTAUSENDWENDE
Die Zukunft des Sports aus der Sicht von 1987

„Ausblick in die Zukunft:

1. Aus Fitness wird Wellness. Die weibliche Perspektive
2. Sport als letztes Abenteuer. Die männliche Perspektive
   Dennoch: Auch im Jahr 2000 wird es viele Menschen geben, die – ohne Sport und mit einem Minimum an Bewegung – ganz gut leben können und wollen. ‚Sport für alle‘ bleibt auch in Zukunft, was er schon immer war, eine konkrete Vision.“

Quelle: *H. W. Opaschowski: Sport in der Freizeit. Band 8 der B·A·T Schriftenreihe zur Freizeitforschung, Hamburg 1987, S. 34 ff.*

Das neue *Fitness- und Gesundheitsbewusstsein* aus den USA verdrängte die alte „Leibeskultur“. Und die aus der Arbeitswelt entlehnten Grundprinzipien von Leistungsdruck und Konkurrenzdenken wurden infrage gestellt. Der Sport individualisierte sich zusehends und sprengte traditionelle Disziplin-Grenzen vom Geräteturnen bis zur Leichtathletik. Neue Sportarten wie z. B. Aerobic, Triathlon oder Großstadt-Marathon breiteten sich aus. Und die Industrie half kräftig nach. Systematisch leitete sie eine Phase der Kommerzialisierung des Sports ein. Folgerichtig wurde auch der sogenannte „Amateur-Paragraph" in den Sportwettbewerben liberalisiert. Aus dem Sportboom entwickelte sich eine Massenbewegung.

Zur gleichen Zeit revolutionierte sich die Medienlandschaft in Deutschland. Noch zu Beginn der achtziger Jahre gab es keinen einzigen privaten Fernsehsender. Wenige Jahre später war ein harter Kampf der öffentlich-rechtlichen und privaten Fernsehsender um die Publikumsgunst entbrannt. Um Zuschauer zu gewinnen, wurde das wachsende Sportinteresse der Bevölkerung systematisch zur Eroberung von TV-Marktanteilen genutzt. Live-Übertragungen von Fußball- und Tennisspielen gab es plötzlich inflationär auf allen Kanälen. Hinzu kamen neuartige Übertragungsmöglichkeiten wie Kabel- und Satellitenfernsehen.

Nach der Jahrtausendwende wandelt sich das Bild. Genauso schnell, wie sich das „1 : 0" im Fußballsport überlebt, verändert sich jetzt auch die Einstellung der Bevölkerung zum Sport als Ausdruck einer neuen Bewegungskultur. Es zeichnen sich Züge eines Erlebniszeitalters ab, in dessen Gefolge der Sport weitgehend unerwartet mit Konkurrenten außerhalb des eigenen Lagers zu kämpfen hat – mit der Kino- und Medien-, Shopping- und Kneipenkultur, mit tropischen Badelandschaften vor der Haustür und paradiesischen Traumstränden in erreichbarer Ferne. Das „Angebotssystem Sport" sieht sich zunehmend mit dem Problem einer Quadratur des Kreises konfrontiert, denn Freizeitsportler sind zugleich

- Städtebummler und Kaufhauskunden,
- Kinobesucher und Kneipengänger,
- Autofahrer und Urlaubsreisende.

VOM TRADITIONS- ZUM TRENDSPORT?
Modische Anglizismen lassen sich auf ganz traditionelle Sportarten zurückführen

---

American Football
* Flagfootball

Baseball

Beachsport
* Beachminton
* Beach-Basketball
* Beach-Handball
* Beach-Soccer
* Beach-Tennis
* Beach-Volleyball
* TAMbeach

Bergsport
* Canyoning
* Drachenfliegen
* Klettern (Freeclimbing)
* Mountainbiking
* Trekking

Flugsport
* Drachenfliegen
* Fallschirmspringen/ Paragliding
* Skydiving
* Ballonfahren

Jai-Alai/Pelota

Kangoo'robic

Kyodo

Lacrosse/Intercrosse

Motorsport
* Go-Kart(-fahren)
* Motorrad(-fahren)
* Motorschlitten (-fahren) auf Wasser oder Schnee

Radsport
* BMX-Rad(-fahren)
* Mountainbiking
* Trekking-Rad (-fahren)

Richocet

Rollsport
* Inline-Skating
* Kickboarding
* Mountainboarding
* Rasenboarding
* Roller-Soccer
* Skateboarding
* Snakeboarding

Sandboarding

Sepaktakraw

Straßenrodeln

Tamburello

Wassersport
* Cliff Diving
* Kiteskiing
* Rafting
* Surfen
* Tauchen
* Trampofoil (-fahren)
* Wakeboarding
* Wasserski (-fahren)
* Windsurfen

Wintersport
* Trick-Ski
* Skeleton
* Skiboarding
* Snowboarding
* Snowboard-Trekking

Quelle: *G. Breuer TrendSport. In: LA/LandschaftsArchitektur 9 (1999), S. 16*

Und alle sind auf der Suche nach neuen Erlebnissen, wollen in erster Linie Erlebniskonsumenten sein. Eine expansive Erlebnisindustrie wird zur größten Herausforderung für den erfolgverwöhnten Sport. Wie zwischen TV-Sendern „hoppen“ immer mehr Konsumenten zwischen Sport-Vereinen und Fitness-Clubs und wechseln dabei ihre Sportarten mitunter wie ihre Kleidung und ihre Hobbies.

Sportverbände und Sportpolitik können sich den Einflüssen der modernen Freizeitentwicklung nicht mehr entziehen und müssen mit dem Wandel leben lernen: Historisch betrachtet ist Tauziehen eine olympische Disziplin gewesen; hingegen hat es Surfen, Volley- und Basketball früher nicht gegeben. Der Deutsche Sportbund muss sich also zu einem Forum für traditionelle und neue Sportformen, organisierte und nichtorganisierte Sportler machen, wenn eine Zersplitterung des Sports verhindert werden soll.

1987 hat der Autor prognostiziert und gefordert: „Die institutionelle Sinndeutung von Sport ist überholt. Ein neues Sportverständnis muss entwickelt werden, das den veränderten Freizeitgewohnheiten Rechnung trägt und auch spontane, offene und nichtorganisierte Sportformen einschließt. Über eine Neudefinition, ja neue Identität des Sports muss nachgedacht werden. ‚Sport‘ ist heute in erster Linie das, was die meisten Menschen als Sport empfinden, und nicht nur das, was Sportverbände offiziell unter Sport verstanden wissen wollen... Die Diskussion über ein neues Sportverständnis muss geführt werden. Sie wird nicht konfliktfrei verlaufen... Genau dies erweist sich als ein Problem, das in Zukunft zur größten Herausforderung werden kann. Der Freizeitsport ist in den letzten Jahren gerade deshalb zu einer Massenbewegung geworden, weil er sich zunehmend im nichtorganisierten Bereich abspielt. *Millionen sporttreibender Individualisten haben sich zu einer Massenbewegung entwickelt*“ (B·A·T 1987, S. 39).

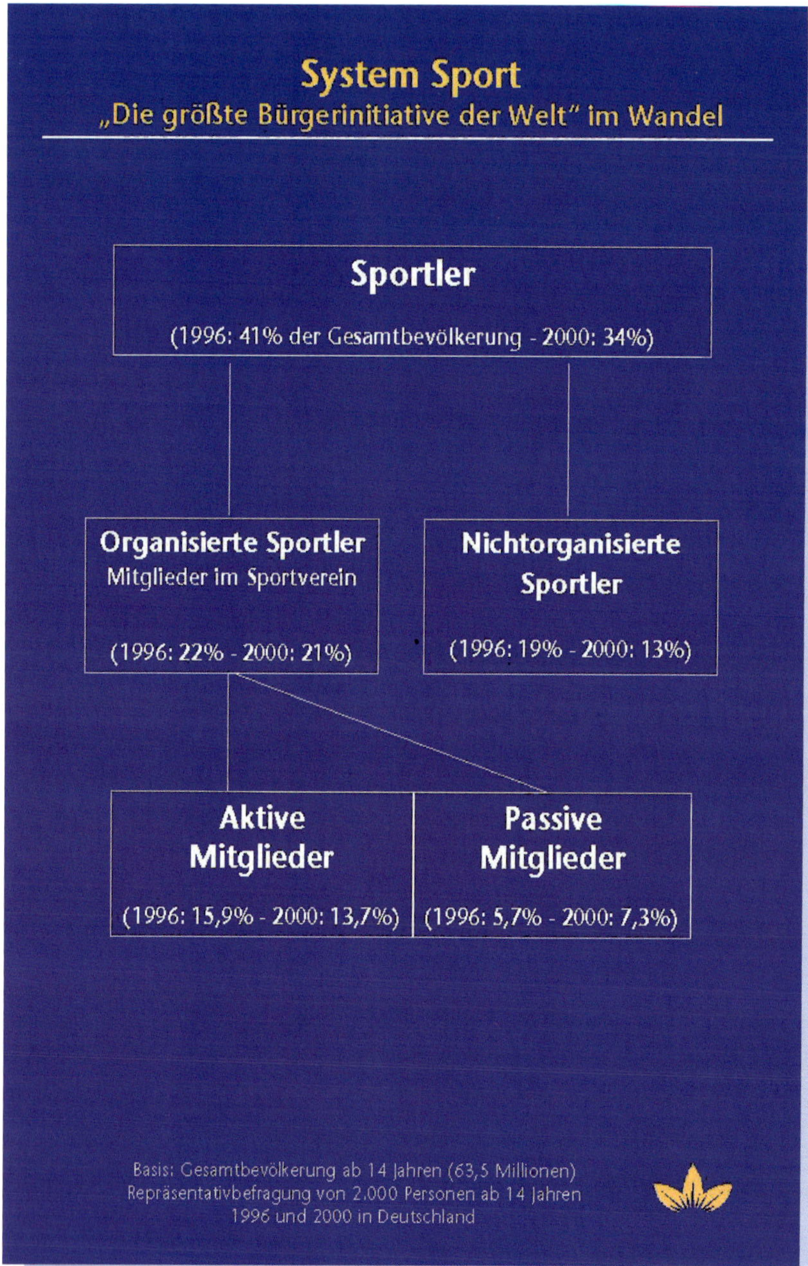
System Sport
„Die größte Bürgerinitiative der Welt“ im Wandel
Sportler
(1996: 41% der Gesamtbevölkerung - 2000: 34%)
Organisierte Sportler
Mitglieder im Sportverein
(1996: 22% - 2000: 21%)
Nichtorganisierte Sportler
(1996: 19% - 2000: 13%)
Aktive Mitglieder
(1996: 15,9% - 2000: 13,7%)
Passive Mitglieder
(1996: 5,7% - 2000: 7,3%)
Basis: Gesamtbevölkerung ab 14 Jahren (63,5 Millionen)
Repräsentativbefragung von 2.000 Personen ab 14 Jahren
1996 und 2000 in Deutschland

Diese Prognose ist inzwischen Wirklichkeit geworden. Die Sportwissenschaft hat den Wandel im Sportverständnis bestätigt und eine „kulturelle Neudefinition des Sports" gefordert. Die institutionelle Sinngebung von Sport, wie sie etwa in Schule und Sportverein vorgenommen wird, wird nicht mehr fraglos akzeptiert. Vor allem die Jugend entwickelt ihr eigenes subjektives Verständnis davon, „was Sport für sie selbst bedeutet und was nicht mehr zum Sport gehört" (Baur/Brettschneider 1994, S. 16).

Der *Trend zur Individualisierung des Sports* erweist sich als ein Problem, das in Zukunft zur Bedrohung für die organisatorische Einheit des Sports werden kann. Der DSB steht vor seiner größten Bewährungsprobe: Was soll er den wachsenden Individualisierungswünschen entgegensetzen? Die Sportarten spezialisieren sich zusehends, werden immer ausgefallener und extremer. Wo liegen die Grenzen für die Abkopplung der unorganisierten Individualsportarten vom System des Leistungssports? Werden die Sportstätten alten Stils – die Turn- und Schwimmhallen, die Spiel-, Bolz- und Leichtathletikplätze – bald leerstehen, weil sie für organisierte Mitglieder in Sportvereinen, nicht aber für Millionen bewegungsfreudiger Individualisten geschaffen wurden?

Die Sportvereine werden in Zukunft vor allem mit drei Problemen zu kämpfen haben:

1. Die *wachsende Erlebnisorientierung* fördert die individuelle Spontaneität und lässt die Organisationsbereitschaft sinken.
2. Mit dem *Trend zur Single-Gesellschaft* steigt die Zahl der Ein-Personen-Haushalte sprunghaft an. Alleinlebende haben bisher im Sportverein keine Lobby. Unter den Mitgliedern sind Familienhaushalte fast doppelt so stark vertreten (25 %) wie Alleinlebende (13 %).
3. Die *demographische Entwicklung* lässt die Kinder- und Jugendlichenzahl sinken, so dass es gravierende Nachwuchsprobleme in den Sportvereinen geben wird.

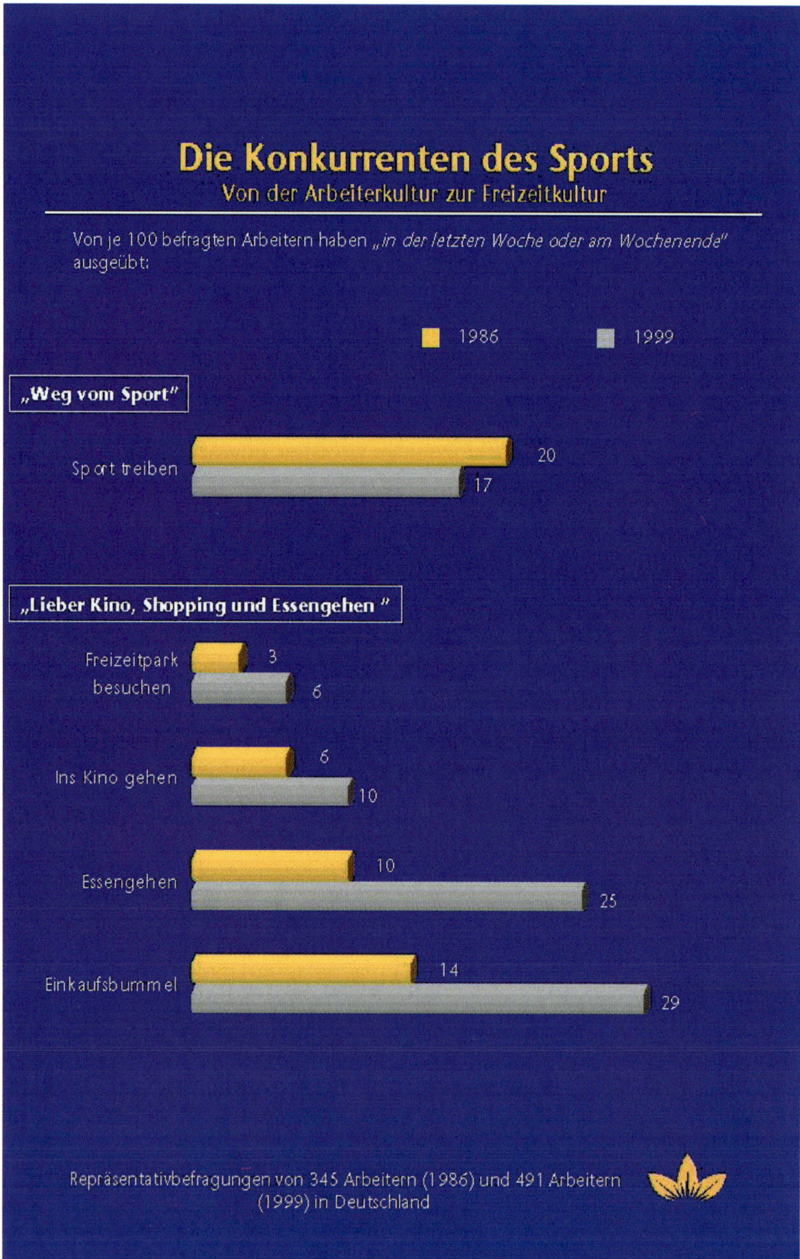
Die Konkurrenten des Sports
Von der Arbeiterkultur zur Freizeitkultur
Von je 100 befragten Arbeitern haben *„in der letzten Woche oder am Wochenende“* ausgeübt:
1986
1999
„Weg vom Sport“
Sport treiben
20
17
„Lieber Kino, Shopping und Essengehen“
Freizeitpark besuchen
3
6
Ins Kino gehen
6
10
Essengehen
10
25
Einkaufsbummel
14
29
Repräsentativbefragungen von 345 Arbeitern (1986) und 491 Arbeitern (1999) in Deutschland

Der Sport galt jahrzehntelang als verlängerter Arm des Berufs, ja als Spiegelbild der Arbeitswelt, weil er strukturelle Ähnlichkeiten mit dem Leistungssystem Arbeit aufwies. Mit dem Struktur- und Wertewandel in der Arbeitswelt ist offenbar auch ein Bedeutungswandel im Sport verbunden. Sport wird – subjektiv gesehen – weniger wichtig im Leben. Andere Aktivitätsbereiche wie Medien, Konsum, Kultur und Tourismus rücken in der persönlichen Wertehierarchie nach oben.

Insbesondere die Arbeiterschaft kann sich dem Sog dieser „Schönen Neuen Konsumwelt“ nicht entziehen. Derzeit zeichnet sich bei der Arbeiterschaft ein Trend „Weg vom Sport“ und „Hin zu Kino, Shopping und Essengehen“ ab. *Die traditionelle Arbeiterkultur stirbt.* Ein „Fahrstuhl-Effekt“ (Beck 1986, S. 126) entwickelt sich im Alltagsverhalten der Arbeiterschaft. Das Mehr an Zeit und Geld, Bildung und Wohlstand bewirkt, dass fast alle Bevölkerungsgruppen heute insgesamt hinsichtlich ihres Lebensstandards „eine Etage höher fahren“. Die Menschen fangen an, massenhaft zu genießen.

Infolgedessen hat sich der Anteil der Arbeiter, die wenigstens einmal in der Woche ins Restaurant essen gehen, seit den achtziger Jahren mehr als verdoppelt (z. B. 1986: 10 % – 2000: 25 %). Auch an Kino, Shopping und Einkaufsbummel finden die Arbeiter immer mehr Gefallen. *Die Arbeiterkultur nimmt zusehends Züge einer Freizeitkultur an.* Die konsumorientierten Freizeitkonkurrenten werden dem Sport in Zukunft das Leben schwer machen.

Die vom Freizeit-Forschungsinstitut ermittelten Daten dürfen nicht isoliert gesehen werden. Vergleicht man beispielsweise die beiden repräsentativen Sportuntersuchungen des EMNID-Instituts aus den Jahren 1987 und 1991, so wird auch hier ein *Bedeutungsverlust des Lebensbereichs Sport* nachgewiesen. Lag beispielsweise der Anteil der Sportverweigerer, also derer, die „nie Sport treiben“, 1987 bei 44 Prozent, so war er 1991 bereits auf 49 Prozent angestiegen (Puhe/ EMNID 1992, S. 23). In einer Gesellschaft mit steigendem Durchschnittsalter verändern sich die Freizeitinteressen der Bevölkerung. Schon heute zählen die Theater mehr Besucher als die Fußballstadien.

VOM SURFBRETT IN DIE OPER?
Prognose aus dem Jahr 1992

„Für die Zukunft zeichnet sich eine Interessenverlagerung vom Sport zur Kultur ab. Das Interesse am Zuschauen bei Sportveranstaltungen geht zurück, während gleichzeitig der Besuch kultureller Veranstaltungen immer attraktiver wird.

Die Menschen werden in Zukunft vor Konzertkassen, Museen und Kunstausstellungen Schlange stehen wie die Nachkriegsgeneration vor Lebensmittelläden. Das wachsende Interesse an der Kultur ist auch eine Folge der Bildungs-Explosion der letzten Jahre. Mit dem ‚Drang zum Abitur‘ (z. B. 1952: 4% – 1991: 24%) hat sich das Bildungsniveau auf breiter Ebene erhöht. Finden in Zukunft VIP-Parties mehr in Museen, Opernhäusern und Musik-Festivals als auf Tennis-Courts und in Sportstadien statt? Sport und Kultur werden sich einen harten Wettbewerb liefern – in der Gunst um die Besucher und die Sponsoren“.

Quelle: *B·A·T Freizeit-Forschungsinstitut (Hrsg.): Freizeit 2001. Ein Blick in die Zukunft unserer Freizeitwelt, Hamburg 1992, S. 37*

Die Konkurrenten des Sports (Kultur, Medien, Unterhaltung, Mobilität, Tourismus, Erlebniskonsum) werden immer attraktiver. Der Sport – für den DSB „eine große soziale Bewegung mit flächendeckenden Auswirkungen für das Gemeinwohl“ (SportInformationsDienst/sid vom 21. Oktober 1994) – droht seine gesellschaftspolitische Schlüsselstellung zu verlieren. Werden die meisten Bürger die Konsumtempel bald interessanter als die Sportplätze finden?

2. NIEDERGANG DER TRADITIONSVEREINE

„Stagnierende Aktivzahlen in den Sportarten?
Kein Grund zur Panik, denn ein Drittel der Bevölkerung reicht uns völlig aus."
Sportfachgeschäft SAZ Sport 2 (1995)

Auf breiter Ebene ist ein *Niedergang der Traditionsvereine* feststellbar Gesangs- und Schützenvereine zählen immer weniger Mitglieder. Auch die Sportvereine können sich diesem Sog nicht entziehen. Der Anteil von Sportvereinsmitgliedern geht kontinuierlich und rapide zurück – von 29 Prozent (1990) auf 21 Prozent (2000). Es wird zudem für die Schulen in Zukunft zunehmend schwieriger werden, die Jugend für traditionelle Sportdisziplinen zu motivieren und zu begeistern. Auswirkungen zeigen sich schon jetzt: „Sport macht mehr oder weniger überhaupt keinen Spaß in der Schule", wie empirische Studien belegen (Baur/ Brettschneider 1990, S. 50; Volkamer 1993, S. 176). So gleicht der Sporttreibende in der Schule eher einem desinteressierten Schüler, der hinter einem Bus herlaufen muss, mit dem er gar nicht fahren will. Die Brücke zwischen Schul- und Freizeitsport droht einzustürzen, wenn es nicht gelingt, die neuen Entwicklungen im nichtorganisierten Freizeitsport in den Schulalltag (Sportunterricht, Arbeitsgemeinschaften, Projekte, Klassenreisen u. a.) einzubeziehen.

Es besteht die Gefahr, dass sich der informelle Freizeitsport als eigene Erlebniswelt *verselbstständigt,* was für den organisierten Sport ebenso schmerzhaft wie folgenreich wäre. Schon heute verzeichnet allein der Deutsche Leichtathletik-Verband (DLV) einen Mitgliederschwund von 5.000 pro Jahr, während gleichzeitig der Kanon attraktiver Freizeitbeschäftigungen explodiert. In den sechziger Jahren gab es etwa 30 Sportarten, heute sind es über 240. Infolgedessen wird es „immer schwieriger, einen jungen Menschen für eine Sportart zu gewinnen, in der er mit hartem

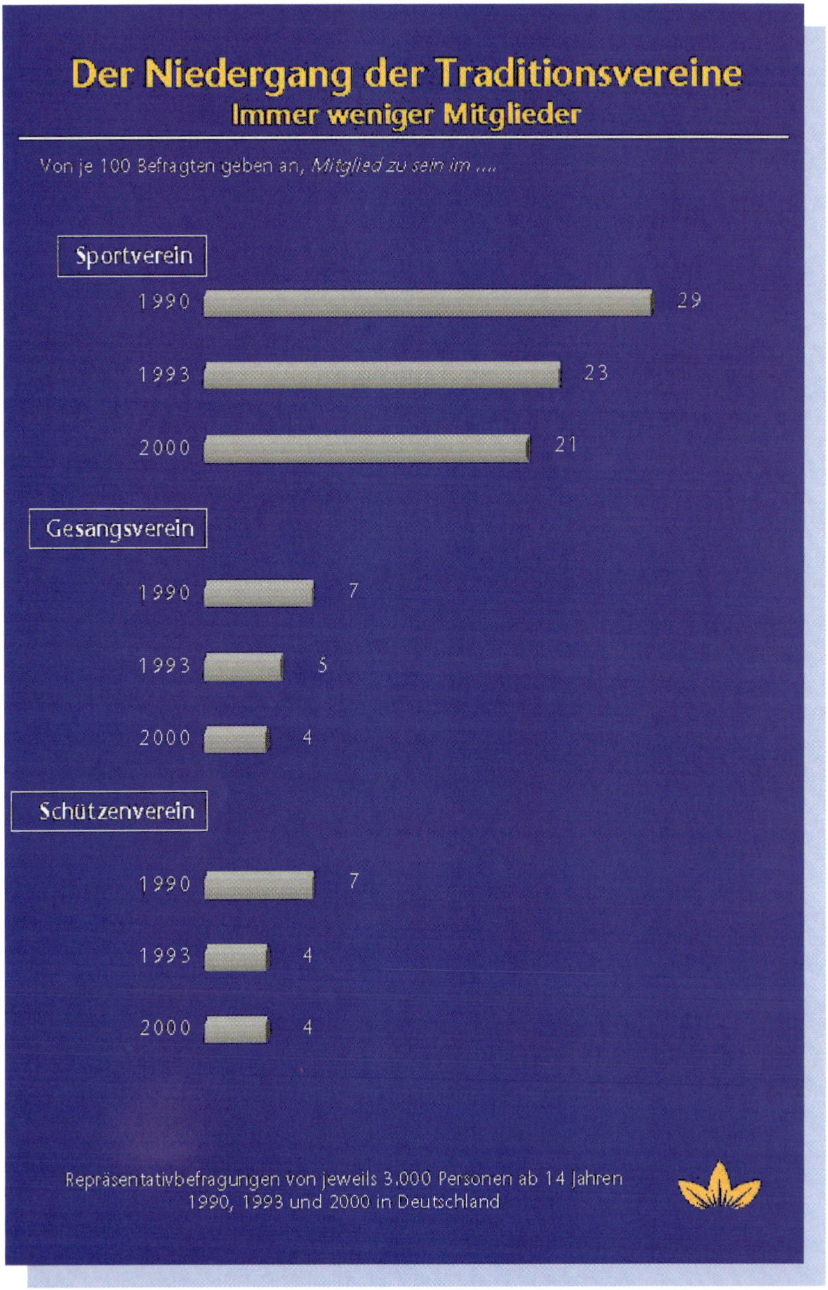
Der Niedergang der Traditionsvereine
Immer weniger Mitglieder
Von je 100 Befragten geben an, *Mitglied zu sein im ....*
Sportverein
1990
29
1993
23
2000
21
Gesangsverein
1990
7
1993
5
2000
4
Schützenverein
1990
7
1993
4
2000
4
Repräsentativbefragungen von jeweils 3.000 Personen ab 14 Jahren
1990, 1993 und 2000 in Deutschland

Training Spaß und Erfolg haben kann“ (DLV-Präsident Helmut Digel 1996). Die neuen Trendsportarten eignen sich kaum mehr als Rattenfänger für den Wettkampf- und Leistungssport im Verein.

Heute gilt, was in den achtziger Jahren noch Zukunftsmusik war: „Statt Turnhallen-Atmosphäre warten Spiegel und Teppichboden, Schwimmbad und Solarium, Sauna und Massage, Clubsessel und Cafeteria auf die Studio-Besucher. Geboten wird Fitness auf die sanfte Tour. *Das Ambiente übt mehr Anziehungskraft aus als das Vereinstrikot*“ (Opaschowski 1987, S. 8). Jeder Deutsche in zwei Vereinen? Diese traditionelle Formel gilt schon lange nicht mehr. Das Heer der nichtorganisierten Sportler wird immer größer.

Die repräsentativen BAT-Erhebungen in den letzten Jahren bestätigen den drohenden Abwärtstrend. In Deutschland sinkt die Mitgliederquote in den Sportvereinen seit 1990 kontinuierlich von 29 Prozent (1990) über 23 Prozent (1993) auf 21 Prozent (2000). Die Sportvereine sind in den letzten zehn Jahren um etwa fünf Millionen Mitglieder (nicht Mitgliedschaften) ärmer geworden. In der offiziellen Sportstatistik ist dies kaum ablesbar, weil die verbleibenden Aktiven oft Mehrfach-Mitgliedschaften in verschiedenen Vereinen eingehen.

Auch der Sport muss mit dem Wandel und der wachsenden Konkurrenz von Erlebniskneipen, Shoppingcentern und Freizeitparks leben. Die Zeiten, in denen vor allem Jugendliche „mit ganzem Herzen“ Sportler und Vereinsmitglieder waren, gehen langsam zu Ende. Drei Jahrzehnte lang auf Wachstum und Beständigkeit programmiert, sieht sich der organisierte Sport im 21. Jahrhundert mit dem Trend zur Individualisierung und Kommerzialisierung aller Lebensbereiche konfrontiert.

Die „Grenzen des Wachstums“ (Club of Rome 1972) haben inzwischen auch den Sport erreicht. Die Zauberformel von der „größten Bürgerinitiative der Welt“ (DSB), die auf grenzenloses Wachstum programmiert zu sein schien, hat an Ausstrahlungskraft eingebüßt. Der wachstumsverwöhnte Sport reagiert zunächst hilflos auf diese Entwicklung. Statt Stagnationen und Rückgänge als *Signale für einen qualitativen Wandel* im Sportverständnis zu begreifen, wird in der Öffentlichkeit weiter der Eindruck von Expansion und Wachstum durch „übermäßiges Aufblähen des Wettkampfsystems“ (Wopp 1995, S. 105) vermittelt.

Vor dem Hintergrund der wachsenden Erlebnisorientierung und der demographischen Entwicklung in Deutschland ist in den nächsten Jahren weder ein Mitgliederzuwachs in den Vereinen noch eine Zunahme der Sportaktivität in der Bevölkerung zu erwarten. Vor allem die 14- bis 17-jährigen Jugendlichen verlassen fast fluchtartig die Vereine. Die Mitgliedschaften von Jugendlichen gehen dramatisch zurück (1993: 53 % – 1996: 46 % – 2000: 36 %). Eher droht in Zukunft eine *Vergreisung der Vereine:* Der Jugendlichen-Anteil wird immer kleiner, der Rentner-Anteil immer größer (1993: 5 % – 1996: 8 % – 2000: 10 %).

VERGREISUNG DER FUNKTIONÄRE
Die junge Generation wird ausgegrenzt

„Ich bin einer der wenigen Sportführer auf der Welt, die schon mit 75 Jahren ihren Rückzug bekannt gegeben haben.“

DFB-Präsident Egidius Braun am 28. Juni 2000

Die Mitgliedschaft im Sportverein ist allerdings keinesfalls gleichzusetzen mit der Sportaktivität ihrer Mitglieder. Bereits die erste umfassende Vereinsstudie aus den siebziger Jahren ermittelte einen durchschnittlichen Anteil sportaktiver Mitglieder von 49 Prozent (Timm 1979, S. 78). Und die nach der deutschen Vereinigung wiederholte Vereinserhebung hat diesen geringen Anteil aktiver Mitglieder bestätigt. Danach lag der

durchschnittliche Anteil der Aktiven in den Vereinen bei 50,8 Prozent (Heinemann/Schubert 1994, S. 148). Nur jedes zweite Vereinsmitglied treibt wirklich Sport.

Die Vereine suchen verständlicherweise die Schuld bei sich selbst und führen die Flucht und Fluktuation ihrer Mitglieder auf die mangelnde Attraktivität ihres Angebots zurück. In Wirklichkeit hat sich bei den Vereinsmitgliedern ein neues konsumorientiertes Sportverständnis („Heute hier – und morgen dort!“) entwickelt. Aus den ehemals organisierten und gebundenen Sporttreibenden sind „frei vagabundierende Sporthopper“ geworden, die ganz individualistisch nach Lust und Laune agieren und probieren. Bei diesem Trend zur Spontaneität und Flexibilisierung wird es für Sportvereine fast unmöglich, ihre Mitglieder auf Dauer zu halten. Denn diese wollen sich alle Optionen offenhalten, sich inhaltlich und organisatorisch nicht mehr festlegen und Sportangebote nur noch als Teil eines „erlebnis- und spaßorientierten Freizeitverhaltens“ (Heinemann/Schubert 1994, S. 156) verstehen, also bewusst wahrnehmen und entsprechend nutzen. Das Erlebniszeitalter fordert seinen Tribut, denn hinter dem Vagabundieren zwischen verschiedenen Sportarten und Sportvereinen verbirgt sich die Angst, etwas zu verpassen.

Mittlerweile bieten Sportvereine in Deutschland immer mehr Sportarten an und hinken doch den sich inflationär entwickelnden Sportwünschen der unbeständigen Sportkonsumenten hinterher. Der Tendenz zu Individual-, Mode- und Trendsportarten haben sie kaum etwas entgegenzusetzen. Kein Verein kann alle möglichen Optionen auf sich vereinigen. Viele Vereine haben zudem den Trend zum Outdoor-Sport verpasst; ihr Sportangebot findet noch immer überwiegend in geschlossenen Räumen statt. Mehrfachmitgliedschaften, Vereinswechsel und Vereinsaustritte der Mitglieder sind die Folge einer ständig wechselnden Anpassung an modische Trends. Auf dieses Phänomen der Fluktuation im Mitgliederbestand waren und sind viele Vereine in Deutschland bisher nicht vorbereitet.

3. ZUSCHAUERSPORT IN DER KRISE

„Es scheint so etwas wie einen öffentlich-
medialen Sport zu geben,
den ich als ‚Gladiatorensport' bezeichne."
WALTER CH. ZIMMERLI:
Menschenbild und Zukunftsentwurf (1996)

Ob EM oder WM, Fußball oder Formel 1 – die Amerikanisierung und Disneyfizierung der Schönen Neuen Sportwelt von morgen erscheint unaufhaltsam. Die Zeit der windigen Stehplatz-Erlebnisse mit Bratwurst und Dosenbier ist endgültig vorbei. Der Zuschauersport der Zukunft – das ist immer mehr eine *Mischung aus Show, Sponsoren und Spektakel.* Dieser Sportkonsum macht den Fan zum Konsumenten: Er konsumiert inszenierte Unterhaltung, gebraucht und verbraucht sie – wie der Hopper im Fernsehen und der Shopper im Einkaufszentrum. Die amerikanischen Fußballclubs zu Zeiten Pelés und Beckenbauers haben es schon frühzeitig demonstriert. Sie boten ihren Besuchern eine Mischung aus Disco, Barbecue und Revue – mit sportlichen Einlagen. *Sport dient seit altersher der Unterhaltung* (lat. disportare = sich zerstreuen). In Zukunft werden die Zuschauer mehr Show und Entertainment als sportlichen Wettkampf um Platz und Sieg suchen.

Für Erlebniskonsumenten, die fast alles schon gesehen haben, gilt zunehmend, dass Leben erleben heißt. Die Erlebnisziele sind austauschbar: Schlangestehen vor der Kunstausstellung, Gedränge im Fußballstadion oder Massenerlebnisse beim Open-Air-Festival. *Nur der Ereignis charakter zählt, das Nichtalltägliche und Außergewöhnliche.* Eine Europameisterschaft macht den Fußballalltag zum außergewöhnlichen Sportereignis. Und eine „Nacht der Tenöre" mit Placido Domingo, José Carreras und Luciano Pavarotti ist manchem eine Reise wert (Bundesbahn-Angebot). Eine Kunstausstellung von Vermeer, Picasso oder Andy

Warhol wird zum Highlight, wenn „man" darüber spricht. Schnell wird eine Veranstaltung als Mega-Ereignis oder Jahrhundert-Kampf propagiert.

Andererseits wird es zunehmend schwieriger, mit immer neuen Attraktionen Massen anzuziehen bzw. zu mobilisieren. EM, WM oder Olympia, Cup oder Super Cup: Fast alles war schon einmal da. So kann es nicht weiter überraschen, dass das Zuschauerinteresse auf breiter Ebene zurückgeht – sieht man einmal von manchen Fußballveranstaltungen ab, die in den letzten Jahren geradezu zum *TV-Ereignis* hochstilisiert wurde. Für alle übrigen Sportarten aber gilt, dass der Zuschauersport in die Krise gerät. Seit 1987 hat der Anteil der Bundesbürger, die nie zu Sportveranstaltungen gehen, deutlich zugenommen (von 31 auf 44 Prozent im Jahr 2000). *Der Zuschauersport entwickelt sich immer mehr zum Jugendsport;* ab 20 Jahren geht das sportliche Interesse auf breiter Ebene zurück.

Der Spaß- und Unterhaltungscharakter einer Sportveranstaltung ist den Zuschauern wichtiger (38 %) als das Interesse an dem Verein (29 %). Das Bedürfnis nach Geselligkeit, der Wunsch, unter Menschen zu sein, ist bedeutsamer (26 %) als das unmittelbare Erleben der Sieger und Gewinner (15 %). Die Gleichgesinnten unter den Zuschauern sind mindestens so faszinierend (18 %) wie die Sportstars selbst (13 %). Und auch Lokalpatriotismus und Nationalstolz (8 %) treiben die Menschen nicht massenhaft in die Stadien. Es wird als wichtiger bewertet, die Begeisterung der anderen Zuschauer „hautnah miterleben" zu können (16 %). Gefragt sind Spannung und Nervenkitzel (22 %) – die Hoffnung, Augenzeuge eines außerordentlichen Ereignisses zu werden:

- „Es ist was total Verrücktes. Es ist ein bisschen wie Gladiatorenkampf. Irgendwie fasziniert es mich."
- „Das Schönste sind die Unfälle, auch wenn es pervers ist."
- „Man kann sich abreagieren."

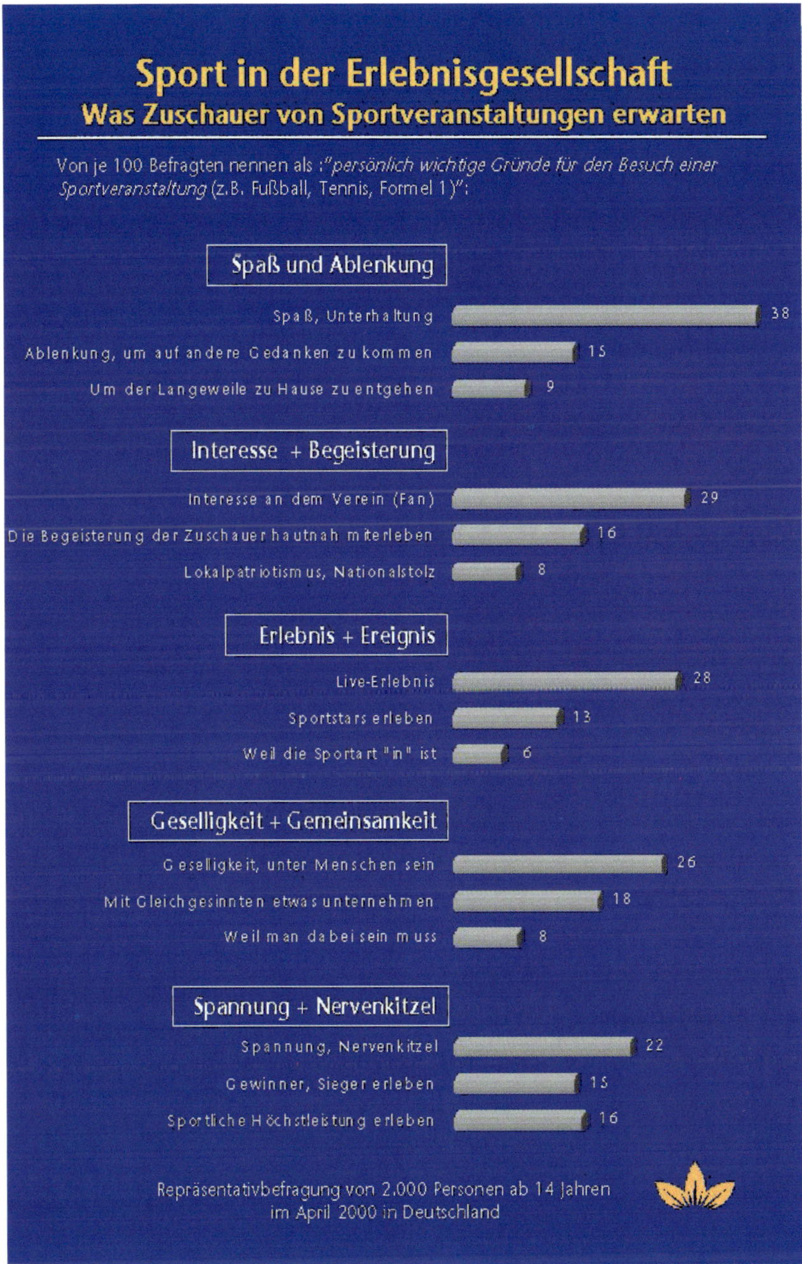
Sport in der Erlebnisgesellschaft
Was Zuschauer von Sportveranstaltungen erwarten
Von je 100 Befragten nennen als :"persönlich wichtige Gründe für den Besuch einer Sportveranstaltung (z.B. Fußball, Tennis, Formel 1)":
Spaß und Ablenkung
Spaß, Unterhaltung 38
Ablenkung, um auf andere Gedanken zu kommen 15
Um der Langeweile zu Hause zu entgehen 9
Interesse + Begeisterung
Interesse an dem Verein (Fan) 29
Die Begeisterung der Zuschauer hautnah miterleben 16
Lokalpatriotismus, Nationalstolz 8
Erlebnis + Ereignis
Live-Erlebnis 28
Sportstars erleben 13
Weil die Sportart "in" ist 6
Geselligkeit + Gemeinsamkeit
Geselligkeit, unter Menschen sein 26
Mit Gleichgesinnten etwas unternehmen 18
Weil man dabei sein muss 8
Spannung + Nervenkitzel
Spannung, Nervenkitzel 22
Gewinner, Sieger erleben 15
Sportliche Höchstleistung erleben 16
Repräsentativbefragung von 2.000 Personen ab 14 Jahren
im April 2000 in Deutschland

Die Zuschauer wollen etwas Nichtalltägliches erleben, das Spaß, Spannung und Geselligkeit garantiert. Ihre Erwartungen lassen sich auf fünf Motiv-Bündel reduzieren:

1. Spaß und Ablenkung
2. Interesse und Begeisterung
3. Erlebnis und Ereignis
4. Geselligkeit und Gemeinsamkeit
5. Spannung und Nervenkitzel. Wird das Sportgeschehen dabei zur Nebensache? Die Zuschauer könnten diese Bedürfnisse genauso gut im Kino, auf dem Volksfest oder im Freizeitpark befriedigen.

Bemerkenswerte Unterschiede gibt es zwischen männlichem und weiblichem Zuschauerverhalten, was auch erklärt, warum heute dreimal so viele Männer (18 %) wie Frauen (6 %) bei Sportveranstaltungen regelmäßig zuschauen:

- Die meisten Frauen (55 %) waren noch nie auf einer Sportveranstaltung. Mehr Frauen wären nur dann als Zuschauer zu gewinnen, wenn der Sport weniger ernst genommen und der Besuch mehr Spaß machen würde. Spaß und Unterhaltung stellen das wichtigste Besuchermotiv für Frauen dar. Nicht selten können Zuschauer für Frauen interessanter als Sportstars sein. Die Begeisterung der anderen Zuschauer hautnah mitzuerleben oder unter Gleichgesinnten zu sein, das fasziniert sie. Auch das Ambiente kann mitunter mehr Anziehungskraft ausüben als die sportliche Leistung.
- Wenn *Männer* Sportveranstaltungen besuchen, dann sind sie durchweg hochmotiviert und stellen vermehrt sportliche Ansprüche. Sie identifizieren sich vor allem stärker mit den Sportlern und dem Programm. Ihr Interesse an dem einzelnen Ver-

ein ist deutlich höher (37 %) als bei den Besucherinnen (22 %) und ihre Erwartungen an Spannung und Nervenkitzel ebenfalls (Männer: 30 % – Frauen: 14 %).

Für die meisten Zuschauer ist der Unterhaltungswert einer Sportveranstaltung wichtiger als das Vereinsinteresse und die Begeisterung der Zuschauer bedeutsamer als die Leistung der Sportler. Eine spannende Niederlage kann interessanter sein als ein langweiliger Sieg.

4. ERLEBNISKONSUMENTEN ALS KURZZEITHELDEN

„Viele Nichtsportler kleiden sich oftmals sportlich mit Markennamen, um ihre Unsportlichkeit zu überdecken.“
SPORTFACHGESCHÄFT SAZ SPORT 2 (1995)

Steckt die Leistungsgesellschaft in einer Krise? Immer mehr Menschen suchen „ihre“ Herausforderungen und Erfolgserlebnisse außerhalb von Betrieb und Büro – vor allem im Sport. Zudem sind traditionelle Sportarten wie Turnen, Leichtathletik und Tischtennis mit einem Hauch von Langeweile behaftet. Das Interesse am Mittelmaß geht immer mehr verloren. Die Polarisierung harter und sanfter, aggressiver und ästhetischer Sportarten nimmt zu:

- Zu den *Abenteuersportarten* wie Autorennen, Segelfliegen und Fallschirmspringen gesellen sich *Extremsportarten* wie Triathlon und Marathonlauf, Tiefseetauchen und Überlebenstraining.
- Natursportarten wie Segeln und Golf, Reiten und Radfahren finden immer mehr Anhänger. Zudem werden *Schausportarten,* die einfach schön anzusehen („telegen“) sind, wie Basketball, Baseball und American Football immer attraktiver.

Aktivität muss Spaß machen, wenn sie bei der Jugend ankommen soll. Dies gilt auch und gerade für den Sport. Sportarten, die Jugendliche faszinieren, müssen Fun und Fitness garantieren – eine Mischung aus „speed" und „power". Die Begriffe „Fun-Sport" bzw. „Funsportarten" sind bisher nicht klar definiert. Die Vermutung liegt nahe, dass es sich hierbei um ein „kommerziell angeheiztes jugendkulturelles Massenphänomen" handelt, bei dem Vergnügen bzw. Fun Bedingung ist (vgl. Hartmann 1996, S. 74). Das *Fun-Hochgefühl* und die *Angst-Lust* gehören immer dazu.

Der Wohlstand hat das Anspruchsniveau der Menschen verändert. Mit materiellen Gütern weitgehend versorgt, stellt sich für die heutige Generation die Frage nach neuen Lebenszielen:

- „Wir sind eine Generation, für die die Eltern nach dem Kriege ganz gut gearbeitet haben".
- „Was meine Eltern geschaffen haben, Wohnung, Haus, Auto – es ist alles für mich da".
- „Erst kam die Fresswelle, dann die Konsumwelle und dann das Haus. Und jetzt frage ich mich: *Was kann ich sonst noch mit mir machen?"*

Dies ist die entscheidende Frage: Was kann eigentlich jemand machen, der schon fast alles hat? Grenzerlebnisse erweisen sich hier als ganz persönliche Herausforderungen. Man sucht sich Abenteuer, die man für sich und gegen sich selbst besteht.

Sport und Tourismus werden in Zukunft eine Vernunftehe eingehen und neue Erlebniswelten schaffen, die der Alltag zu Hause nicht bieten kann: Fallschirm- und Survivaltraining, Hindernis-Parcours und Wilderness-Touren, das Leben als Event und Challenge. Freizeitanlagen und Urlaubsinseln werden nach dem Motto „viel Spannung, ein wenig Gefahr – und kein bisschen Langeweile“ zu Camps für Risiko- und Extremsportarten. Die wachsende Attraktivität der Extremsportarten lässt sich als ebenso aktive wie positive Antwort auf eine sich ausbreitende Langeweile – sei sie nun durch Sattheit oder Wohlstandsverdrossenheit, Armut oder Arbeitslosigkeit verursacht – deuten.

Wer im Sport Risikobereitschaft und Wagemut demonstriert, beweist, dass er „mit einigen der eigenen Ängste fertig wird und das Leben als Herausforderung annimmt“ (Opaschowski 1992, S. 54). Solche extremen Erfolgserlebnisse sind nicht nur letzte Abenteuer. Als physische und psychische Herausforderungen können sie heute vielleicht noch verhindern, dass morgen junge Menschen in den Drogenkonsum abgleiten: *Lieber eine sportliche Entgrenzung auf Zeit als eine Drogenkarriere ohne Umkehr.* Der Mangel an echten zwischenmenschlichen Beziehungen sowie das Fehlen von bedeutungsvollen Zielen, für die sich ein persönliches Engagement noch lohnt, machen Jugendliche für neue Grenzerfahrungen im Sport besonders aufgeschlossen. Der Risiko- und Extremsport kann *sozial Benachteiligte und/oder psychisch Labile aktivieren* und auch ein „Abgleiten in Vandalismus und Kriminalität“ (Hartmann 1996, S. 81) verhindern helfen.

Wirtschaft, Werbung und Medien neigen zudem immer mehr dazu, sogenannte „Trendsportarten“ zu kreieren bzw. zu erfinden. Weil beispielsweise US-Präsident Clinton Jogging zu anstrengend und Walking zu langweilig wurde, fing er an, schnell zu gehen, um sich fit zu halten. Für diese Art der Fortbewegung haben findige Manager der Sportartikelindustrie eine neue Trendsportart propagiert: „Wogging“ – eine sportliche Modeerscheinung, für die Schuhhersteller das richtige Produkt bereitstellten.

Fast alles, was derzeit an sportlichen Modewellen über den Atlantik zu uns schwappt, bekommt die *Aura einer Trendsportart* verliehen – unab-

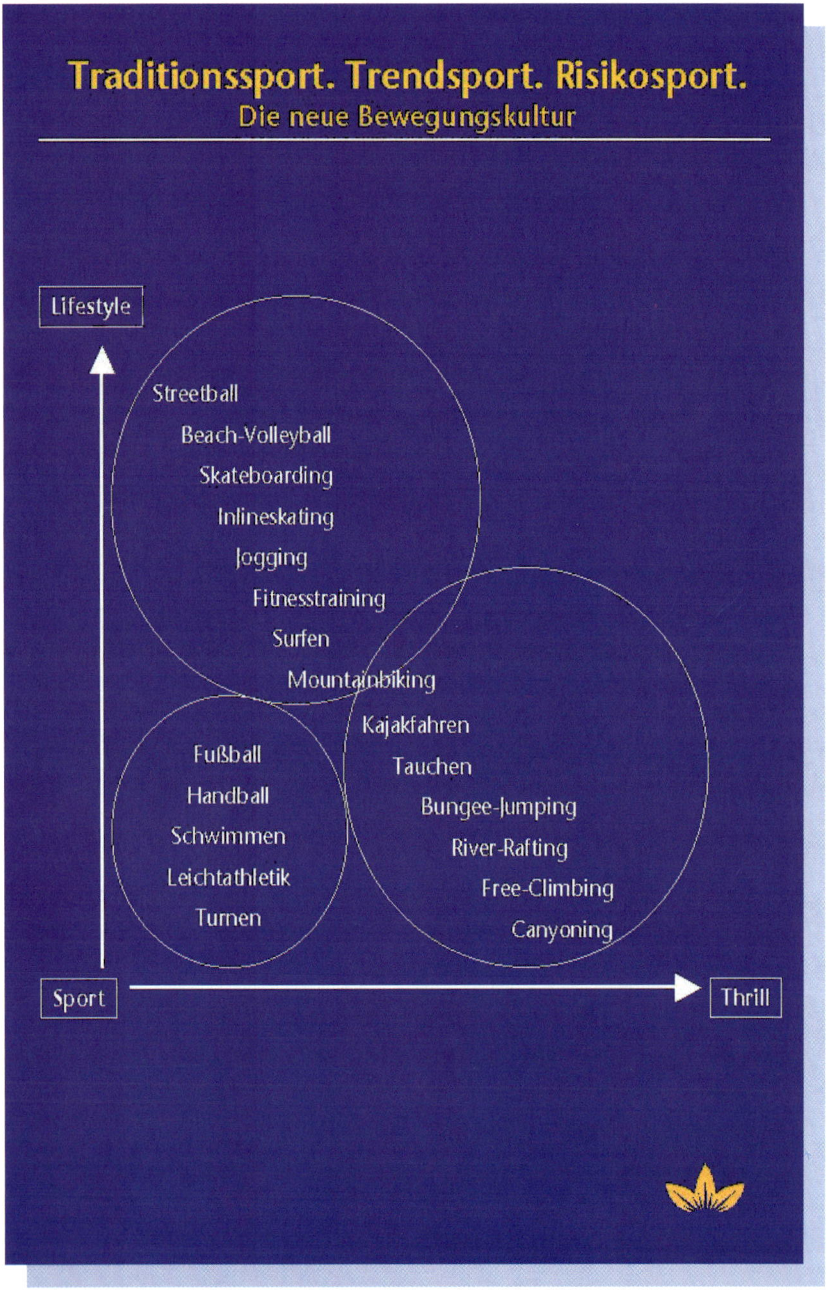
Traditionssport. Trendsport. Risikosport.
Die neue Bewegungskultur
Lifestyle
Streetball
Beach-Volleyball
Skateboarding
Inlineskating
Jogging
Fitnesstraining
Surfen
Mountainbiking
Kajakfahren
Tauchen
Bungee-Jumping
River-Rafting
Free-Climbing
Canyoning
Fußball
Handball
Schwimmen
Leichtathletik
Turnen
Sport
Thrill

hängig davon, ob der Trend sich durchsetzt oder nicht. Zumindest verbal und medial breiten sich *Sport-„ing“-Wellen* fast inflationär aus und erwecken den Eindruck, dass Trendsportarten weltweit boomen würden. Tatsächlich sind sie nicht selten eine Art Therapeutikum für eine schnelllebige Branche, der langsam die Ideen ausgehen. Gesucht und gefragt sind Sportarten, die Spaß machen, Erfolgserlebnisse (oder Nervenkitzel) versprechen, eine spezielle Ausrüstung erfordern und einen möglichst hohen Verschleiß an Material in Aussicht stellen. Dafür bekommen entsprechende Sportarten von der Industrie den *Nimbus des Abenteuerlichen* verliehen. Zu solchen Sport-„ing“-Wellen zählen z.B. Bungee-Jumping und Paragliding, Free Climbing und River Rafting, Mountainbiking und Trekking. Die Industrie steht immer zu Diensten – mit Bodies und Leggings, Skischuhen und Sturzhelmen, Schienbein- und Ellenbogenschützern.

Freizeit- und Urlaubsanbieter, die auf Abenteuersportarten setzen, haben eine relativ gesicherte Zukunft vor sich. Tennis oder Skifahren sterben deswegen nicht aus, können aber nicht mehr mit größeren Wachstumsraten rechnen. Es ist anzunehmen, dass sie schon bald unter Nachwuchsproblemen leiden werden. Die Sportanbieter werden umdenken müssen. Die Österreich-Werbung hat dies bereits getan: *„Winter-Erlebnis“* statt *Winter-Sport.* Lieber wohlig warmes Wasser als eisige Piste – also mehr in Après-Ski und Night-Life investieren. Und vor dem Hintergrund der älterwerdenden Gesellschaft gilt für die Zukunft: Es darf gelegentlich auch Reitsport sein, solange er nicht zu anstrengend ist – frei nach dem Motto „ich möchte gerne reiten, aber hebt mich aufs Pferd“.

MEHR PARTY ALS PISTE?
Prognose zur Zukunft des Skisports aus der Sicht von 1983

„Für die Zukunft lässt sich unschwer prognostizieren, dass aus den Wintersportgebieten winterliche Freizeitlandschaften werden, in denen man sich

- freizeitsportlich im geselligen Rahmen betätigen,
- gesundheitsbewusst etwas für das eigene Wohlbefinden tun und
- genussorientiert mit dem beschäftigen kann, was die Freude am Leben erhält und fördert.

Eine Analyse der real ausgeübten Aktivitäten von Winterreisenden lässt die ketzerische Frage zu: ‚Wie wichtig ist eigentlich Skifahren?‘ Im Aktivitätenspektrum der Winterreisenden stellt das Skifahren zwar einen interessanten Farbfleck dar, aber offensichtlich wird mehr gewandert und besichtigt, gegessen und getrunken, getanzt und gebadet als wirklich Ski gefahren. Der Winterurlaub, im 19. Jahrhundert als Alpinismus-Bewegung leistungsbewusster Gipfelstürmer geboren, wird in den 90er Jahren zur Spielwiese für Lebensgenussanhänger.“

Quelle: *H. W. Opaschowski: Arbeit. Freizeit. Lebenssinn? Orientierungen für eine Zukunft, die längst begonnen hat, Opladen 1983, S. 188f.*

Diese Prognose hat die Wirklichkeit inzwischen eingeholt. Der Skisport hat immer mehr mit „Wein, Weib und Gesang“ zu tun; *die rein sportliche Motivation wird zunehmend unwichtiger.* Die Seilbahnen haben dem Skisport das Schweißtreibende genommen – so hat der Skifahrer mehr Zeit für andere Annehmlichkeiten. *„Der Skisportler der Zukunft ist ein Lebemann und kein Sportsmann“* (DSV/E. Ulmrich 1994). Wird die Seilbahnstation der Zukunft zum Erlebniszentrum für Lebemenschen werden? Wird der „Einkehr“-Schwung attraktiver als der Stemm-Schwung? Es bleibt festzuhalten: Der bisherige „Breitensport“ löst sich in Zukunft in eine Vielzahl von Sportarten auf, die zwischen Traum-, Fun-, Extrem- und Abenteuersport angesiedelt sind. Traditionelle Sportarten sterben deswegen nicht aus. Sie bleiben dominant, stehen aber weniger im Blickpunkt des öffentlichen bzw. medialen Interesses. Wer will schon wissen, ob wir in Zukunft baden, kegeln oder skifahren gehen?

5. „GET YOUR KICK!“ IM RISIKOSPORT IST ALLES MÖGLICH

„Träum' nicht davon, mach' es einfach!
Verlier' dich in der Faszination des freien Falls.“
AUSTRIAN OUTDOOR (Werbeprospekt)

Der Amerikaner Vance Packard ging in den siebziger Jahren erstmals der Frage nach, warum Menschen verstärkt auf der Suche nach neuen Wurzeln sind – nicht im Hinblick auf ein bestimmtes Ziel, sondern immer von etwas weg. Packard nannte dieses Phänomen das *„Kalifornien-Syndrom“*:

- Wer den kalifornischen Lebensstil pflegt, liebt den Nervenkitzel und sucht generell das Neue.
- Das Kalifornien-Syndrom basiert auf den beiden Säulen Geld (Wohlstand) und Zeit (Freizeit). Aus jedem Tag und jeder Stunde muss soviel wie möglich herausgeholt werden. Man lebt und konsumiert im Hier und Jetzt und genießt den Augenblick: „Amüsiere dich – solange du kannst!“ Dahinter verbirgt sich die Neigung, nur an den Lustgewinn zu denken und jedes mögliche Aufschieben der Befriedigung zugunsten eines langfristigen Lebensziels abzulehnen. „Hauptsache, mir geht es gut“ und die Langeweile ist ganz weit weg.
- Im Kalifornien-Syndrom spiegelt sich die Ungebundenheit der Amerikaner der Pioniertage wider. Der Pioniergeist früherer Zeiten und der Erlebnishunger von heute sind vielleicht nur einen Schritt voneinander entfernt. In diesem Sinne rief der amerikanische Präsident Bill Clinton anlässlich seines Besuchs in Deutschland im Juli 1994 den Berlinern auf deutsch zu: *„Nichts kann uns aufhalten. Alles ist möglich“.*

Das ist die Grundaussage, die den Risikosportlern heute die entsprechende Erlebnisphilosophie liefert.

DAS KALIFORNIEN-SYNDROM: „ALLES IST MÖGLICH . . ."
Ursachen für die Entgrenzung im Sport

Vom Pioniergeist ...

„If you always do
what you always did
you will always get
what you always got".
BENJAMIN FRANKLIN (1706–1790)

„If you can dream it
you can do it".
EPCOT CENTER/FLORIDA

„Nichts kann uns aufhalten.
Alles ist möglich".
BILL CLINTON (auf deutsch)
im Juli 1994 in Berlin

... zum Erlebniswahn

„Ich will nicht akzeptieren,
dass irgendetwas unmöglich ist".
EXTREMSPORTLER TRIATHLON

„Ich kann alles schaffen,
wenn ich es nur will.
Ich bin nur für mich selbst
verantwortlich".
EXTREMSPORTLERIN TIEFSEETAUCHEN

„Ich will nicht sein wie andere.
Ich brauche mehr".
EXTREMSPORTLERIN FELSKLETTERN

Es ist nicht auszuschließen, dass sich eine Prognose aus den sechziger Jahren bewahrheitet, derzufolge der Mensch mit optischen und akustischen Reizen so überfüttert und überflutet wird, dass er nur noch auf immer massivere Reizanstürme mit echten Empfindungen reagieren kann. Als Ausweg aus der ständigen sinnlichen Sensationssteigerung bietet sich das Ausweichen auf „Gebiete kinästhetischer Empfindungen" an (vgl. Knebel 1960, S. 99). Statt optischer und akustischer Reize sehnt sich der Mensch dann nach *Bewegungsempfindungen im Extremsport oder beim Autofahren.*

Bewegung und Beschleunigung schaffen neue Empfindungsqualitäten: Veränderte Körperlagen (z. B. beim Kurvenfahren, Bungee-Jumping, Fallschirmspringen, Looping-, Achterbahnfahren) können fast rauschartige Zustände auslösen (z. B. Geschwindigkeits-, Höhen-, Tiefenrausch), die viel unmittelbarer, vitaler und opiatähnlicher auf den Körper einwirken, als es akustische und optische Reize je vermögen. So „entlasten" sich z.B. Jugendliche nach dem Trommelfeuer von Disco-Besuchen durch die Sensation der Bewegung beim Autofahren. Suche und Sucht nach neuen Bewegungsgefühlen als Ausgleich und Ventil für sinnliche Reizüberflutungen können auch eine Erklärung dafür sein, warum sich Extrem- und Risikosportarten so ausbreiten und warum die ständig wachsende Freizeitmobilität mit dem eigenen Auto alle bisherigen Verkehrsprognosen ad absurdum führt.

Viele sportliche Herausforderungen, vom Marathonlauf bis zum Überlebenstraining, gleichen einem Massenaufbruch zu den Grenzen des Erträglichen. Kein Arbeitgeber würde wagen, Vergleichbares im Beruf zu fordern. Keine Tarifverhandlung wäre je in der Lage, solche Anstrengungen in Erwägung zu ziehen – vom Entsetzen der Gewerkschaften ganz zu schweigen. Doch Zehntausende tun es freiwillig und ganz ungezwungen in ihrer Freizeit. Offensichtlich erzeugt die Arbeitswelt kein „Spannungsfeld für Kämpfer" mehr, und nach Feierabend kann man sich nicht mehr als Sieger fühlen. Einseitig gefordert und körperlich nicht mehr voll ausgelastet, verlassen viele Arbeitnehmer ihren Betrieb und *flüchten in außerberufliche Grenzerlebnisse.*

Vieles „scheiterte bisher an meiner Angst. So richtig am Fels, das würde mich reizen". Die „Überwindung" wird gesucht, „es einfach mal zu probieren". Probier-, Experimentier- und Risikofreude werden im Arbeitsleben kaum noch gefordert. Im Risikosport aber kann man sich von seinen Qualitäten überzeugen und neue Grenzerfahrungen machen. Deutlich stärker als Frauen favorisieren Männer Abenteuer-Sportarten, weil diese ihnen versprechen, über die natürlichen menschlichen Fähigkeiten hinauszugehen:

- „Eine Bewegung ausüben können, die eigentlich nicht dem Menschen offen ist".
- „Fliegen, die Schwerkraft überwinden. Das Schweben allein schon und die Ruhe. Dieses Freisein in der Luft allein".

■ „Bergsteigen, Tauchen, Fliegen sind für mich eigentlich nur Mittel zum Zweck. Interessant ist alles, was Luft und Wind hat: Naturerlebnisse. Kosmische Erlebnisse".
Der Mensch möchte Fall-, Flug- und Lebenskünstler in einem sein.

Das deutsche Wort „Risiko" hat eine maritime Herkunft und Geschichte. Es ist abgeleitet aus dem griechischen Wort *rhiza* in der Bedeutung *Klippe* und dem volkslateinischen Wort *risicare* als Bezeichnung für *Klippen umschiffen.* Im italienischen *rischiare* bekam es die Bedeutung *Gefahr laufen,* im spanischen *arrisco* und französischen *risque* wurde es schließlich im übertragenen Sinn als *Wagnis/Gefahr* verstanden. Erst nach der Entdeckung Amerikas durch Christoph Columbus tauchte das Wort Risiko im Deutschen in Verbindung mit dem Wort *Abenteuer* auf (1518 in Augsburg: *Aventura und Risigo*). Seefahrt, Wassersport und Risikoerleben gehören seit jeher zusammen. Neu hingegen ist, dass sich im Zeitalter der Extreme auch der Risikosport zum Extremsport wandelt.

Manchen Wassersportlern reicht es z. B. heute nicht mehr aus, wenn sie ihren Lebenstraum verwirklichen und besondere Glücksgefühle dabei haben können. *„Water thrill"* ist eher angesagt, der ultimative Kick im Wassersport. Nur vier Prozent der Bundesbürger glauben, man könnte den *Kick für das Selbstvertrauen* beim Rudern bekommen. Als sehr viel waghalsiger (14 %) wird hingegen der Tauchsport eingeschätzt. Hier kann man den Rausch der Tiefe erleben. Für extreme „thrillseeker" kommen allerdings nur Kanu/Kajak/Canyoning (35 %) oder River Rafting (40 %) infrage. Wildwasserfahrten, mit dem Schlauchboot über Stromschnellen rauschen, das ist „der" ultimative Kick im Wassersport, eine geballte Ladung Selbstvertrauen.

Das *Thrill-Hormon Adrenalin* ist dabei der Stoff, aus dem die Träume für die letzten Abenteurer sind. Die Thrill-Suche wird immer extremer und

KALKULIERBARE RISIKEN
Fallbeispiel „Canyoning“

Frage: Manche Anbieter werben mit dem „ultimativen Kick“ des Canyoning, das nur „etwas Kondition und ein wenig Mut“ erfordere. Werden die Gefahren dieser Sportart so nicht verharmlost?
Antwort: Ich würde nicht sagen, dass Canyoning gefährlicher ist als Autofahren. Natürlich gibt es immer ein gewisses Restrisiko. Und natürlich spielt auch der Kick, die Suche nach Grenzerfahrungen bei unserem Sport eine Rolle. Die Gefahren sind durchaus kalkulierbar.“

Interview mit Stefan Hofmann, Profiausbilder des Fachverbandes „Commission Européene de Canyoning“ (Kölner Stadtanzeiger Nr. 175 vom 29. Juli 1999)

damit auch gefährlicher. Vor dem Thrill muss erst einmal das Training kommen. Und auch Sicherheit kann man nicht einfach für Geld kaufen.

Mitunter wird Risikosportlern ein geradezu *pathologisches Bedürfnis unterstellt:* „Diese Menschen versuchen, eine tiefsitzende Angst zu vertreiben, sie kompensieren, sie agieren zwanghaft eine ödipale Fixierung aus, *sie sind ‚risikogeil‘“* (Csikszentmihalyi 1992, S. 88). Die Erfahrung zeigt jedoch, dass Risikosportler ganz im Gegenteil positiv motiviert und fähig sind, mögliche Gefahren auf ein Minimum zu reduzieren und die Risiken unter Kontrolle zu halten. Dabei muss zwischen objektiven und subjektiven Risiken unterschieden werden:

- Bei den *objektiven Risiken* handelt es sich um unvorhersehbare Natur-Ereignisse wie z. B. um einen plötzlichen Sturm, eine Lawine oder einen Steinschlag. Auf solche Risiken kann und muss man sich vorbereiten, ohne sie genau vorhersehen zu können.

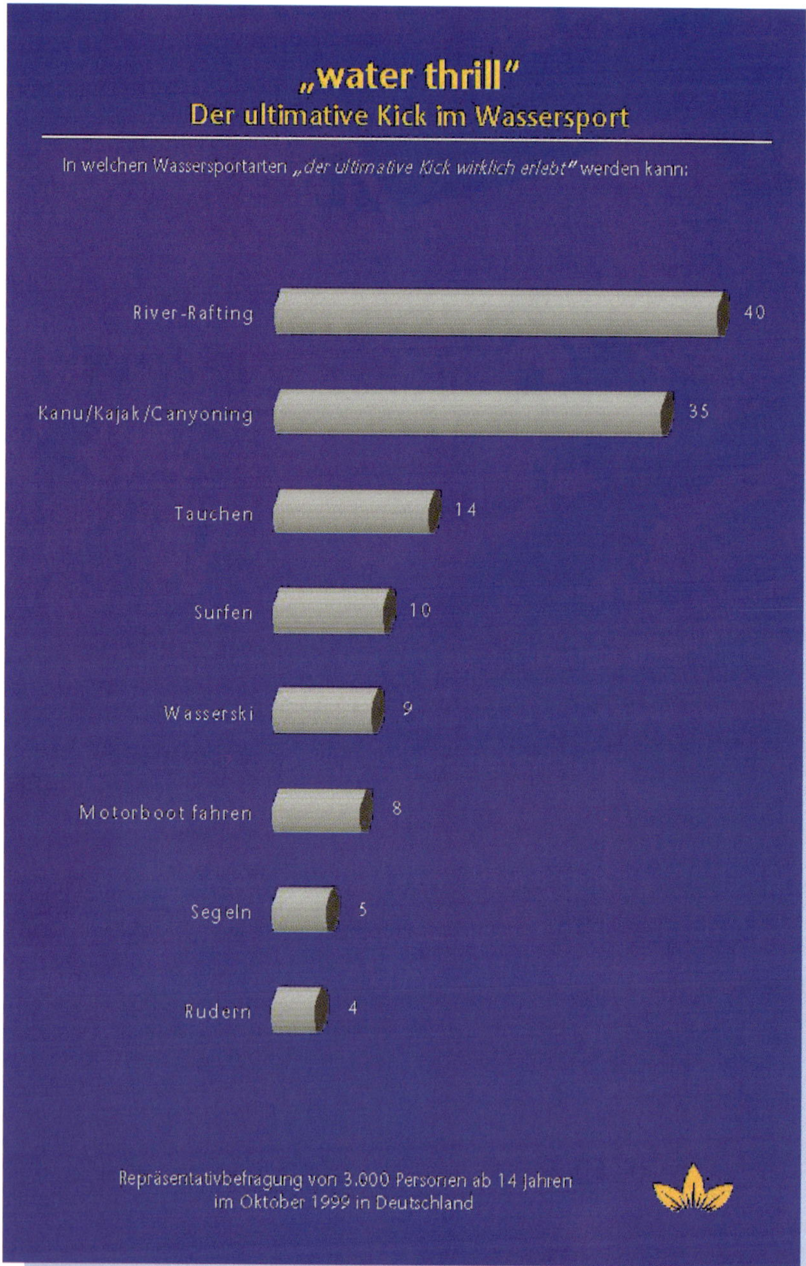
„water thrill“
Der ultimative Kick im Wassersport
In welchen Wassersportarten *„der ultimative Kick wirklich erlebt“* werden kann:
River-Rafting 40
Kanu/Kajak/Canyoning 35
Tauchen 14
Surfen 10
Wasserski 9
Motorboot fahren 8
Segeln 5
Rudern 4
Repräsentativbefragung von 3.000 Personen ab 14 Jahren
im Oktober 1999 in Deutschland

- *Subjektive Risiken* treten dann auf, wenn Risikosportler ihre Kräfte falsch einschätzen, den Schwierigkeitsgrad der sportlichen Herausforderung im Verhältnis zum eigenen Können nicht abschätzen können und auch nicht genügend Selbstdisziplin besitzen, um kontrolliert auf Gefahren reagieren zu können.

Vor diesem Hintergrund ist es erklärbar, dass Autofahren mitunter gefährlicher eingeschätzt wird als eine riskant erscheinende Bergbesteigung. So sind z. B. Bergsteiger davon überzeugt, das Matterhorn zu erklimmen sei weniger gefährlich als in Manhattan als Fußgänger eine Straße zu überqueren, „weil die objektiven Gefahren – Auto, Radfahrer, Busse, Taschendiebe – viel weniger vorhersehbar seien als Gefahren in den Bergen" (Csikszentmihalyi 1992, S. 89).

SHERWOOD

„JUST FOR FUN"
WARUM EXTREMSPORTLER FREIWILLIG RISIKEN EINGEHEN

„Es ist diese sehnsuchtsvolle Leere, die uns antreibt zum Spielen – zu Schlachten – zu Reisen – zu zügellosen, aber heftig empfundenen Unternehmungen."
GEORGE G. N. BYRON (1788–1824) Briefe und Tagebücher

Höher, schneller, weiter – und riskanter: Warum gehen immer mehr Menschen freiwillig Risiken im Extremsport ein? Pure Lust am Risiko? Sehnsucht nach dem wilden Leben? Oder pausenlose Jagd nach dem letzten Kick? *Extremsport ist mehr eine Lebensform als eine Sportart.* Sie steht im Mittelpunkt des Lebens und kann sogar andere Lebensbereiche (z. B. Beruf, Partnerschaft, Familie) in den Hintergrund drängen.

Der Sozialwissenschaftler und aktive Alpinist Ulrich Aufmuth hat sich eingehend mit der Psychologie von Abenteurern und Extremsportlern auseinandergesetzt. Dieser Typus ist charakterisiert durch

- ein häufiges Erleben von Leere,
- eine große Unrast,
- eine enorme Risikobereitschaft
  und
- eine tiefreichende Identitätsproblematik.

Dabei handelt es sich nicht um harte, sondern eher um ganz sensible Menschen. Ihr Tatendrang erklärt sich aus einer *Kombination aus hoher Sensibilität und starker Vitalität.* Extreme Naturabenteurer können auch extreme Glückssucher sein, die mit einer ungeheuren Radikalität ihren Lebensweg gehen und überzeugt sind: „Ich bin auf *meinem Weg*" (Aufmuth 1996, S. 206). Auch dann, wenn sie dabei „alles auf eine Karte setzen" müssen.

Extremsportler sind offensichtlich hin- und hergerissen zwischen innerer Unruhe und äußerer Rastlosigkeit, zwischen der Suche nach Identität und der Bereitschaft, dafür Risiken einzugehen. Sie haben eine Lebenshaltung, wie sie insbesondere für Jugendliche und junge Erwachsene charakteristisch ist, die dementsprechend im Extremsportbereich überrepräsentiert sind.

Im Zeitalter der Extreme haben Extremsportarten Hochsaison. Extrembergsteiger Reinhold Messner macht dafür einen bestimmten Zeitgeist verantwortlich: „Man will möglichst viel erleben, alles wird unter dem Spaß- und Abenteueraspekt betrachtet. Das Wichtigste aber fehlt diesen Menschen: *das Gefühl für den Berg.* Und das *Gefühl für die Gefahr*“ (Messner 197, S. 3). Inline-Skater profilieren sich in ihrer Sportart. Fit for fun – und ab in das Risiko. Es wird immer schwerer, sich von anderen abzugrenzen, wenn man keine Extreme ausprobiert. In einer Wagnisgesellschaft muss auch der Sport zum Wagnis werden.

Das Risikoerleben wird aus der jeweiligen Sicht der Bevölkerung und der Extremsportler ganz unterschiedlich eingeschätzt. Für die überwiegende Mehrheit der Bevölkerung steht fest: Risikosportler fliehen vor der Langeweile ihres eigenen Lebens (63 %) und wollen den ultimativen Kick erleben (59 %). Extremsportler hingegen setzen einen ganz anderen Akzent: Sie wollen in erster Linie einfach Spaß haben (66 %), alle anderen Motive sind nachgeordnet.

Wer den *Risikosport als Zeitphänomen* verstehen und erklären will, darf sich mit monokausalen Erklärungen nicht zufrieden geben. Verantwortlich ist vielmehr ein vielfältiges Motivbündel zwischen Lust und Langeweile. Wenn es den Risikosportlern wirklich nur um „Spaß“ ginge, dann könnten sie auch ins Kino oder in den nächsten Freizeitpark gehen. Sie aber wollen Spaß und Kick und Abenteuer.

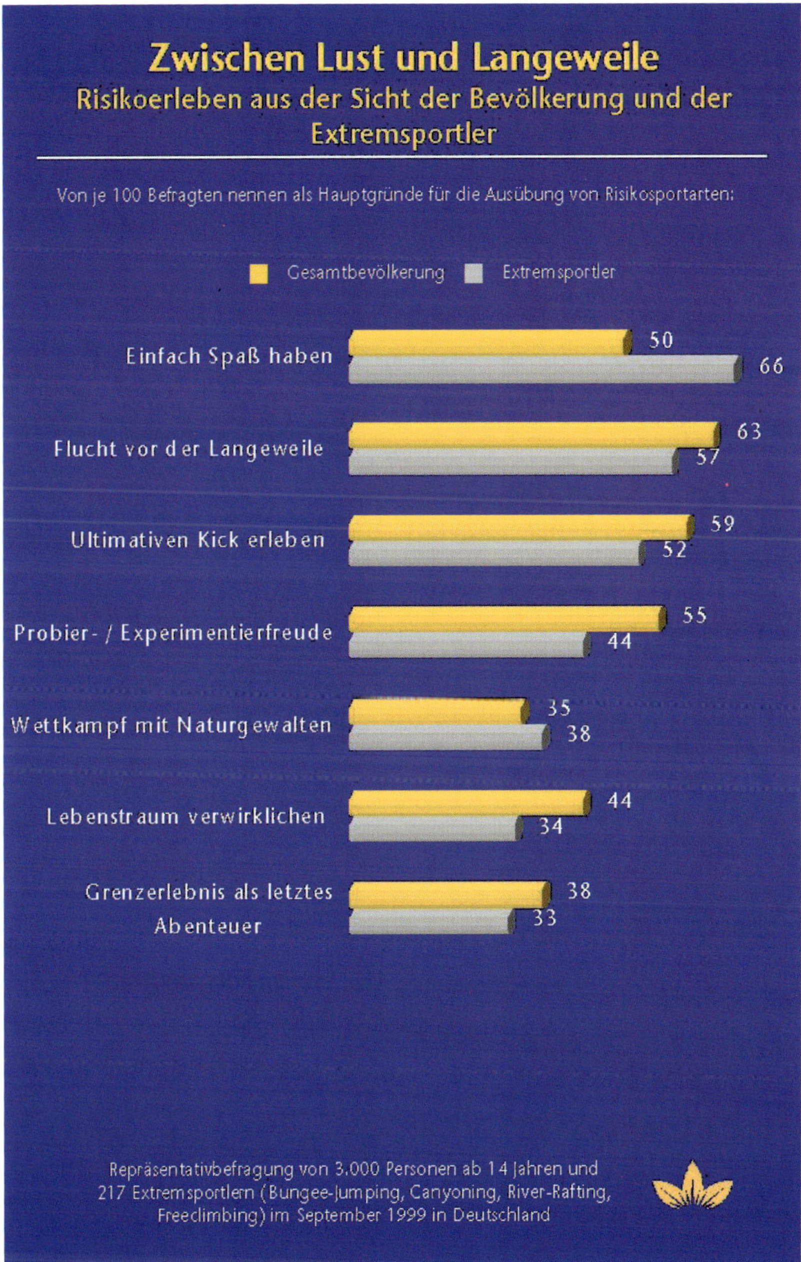
Zwischen Lust und Langeweile
Risikoerleben aus der Sicht der Bevölkerung und der Extremsportler
Von je 100 Befragten nennen als Hauptgründe für die Ausübung von Risikosportarten:
Gesamtbevölkerung
Extremsportler
Einfach Spaß haben
50
66
Flucht vor der Langeweile
63
57
Ultimativen Kick erleben
59
52
Probier- / Experimentierfreude
55
44
Wettkampf mit Naturgewalten
35
38
Lebenstraum verwirklichen
44
34
Grenzerlebnis als letztes Abenteuer
38
33
Repräsentativbefragung von 3.000 Personen ab 14 Jahren und 217 Extremsportlern (Bungee-Jumping, Canyoning, River-Rafting, Freeclimbing) im September 1999 in Deutschland

1. LEBENSFREUDE

„Ich weinte und schrie vor Lebensfreude,
atmete immer wieder tief durch und die
Luft schmeckte nach Frühling und Wärme
wie das Wasser nach Lust.“
Reinhold Messner „Mount Everest“ (1980)

■ *Einfach Spaß haben*

Spaß im Extremsport heißt Freude am kalkulierten Risiko. Bungee-Jumping (75 %), Canyoning (71 %), River-Rafting (70 %) und Freeclimbing (62 %) zählen nach Meinung der Bevölkerung derzeit zu den riskantesten und wagnisreichsten Extremsportarten. Die Befragung von 217 Extremsportlern, die selbst schon eine dieser vier Sportarten ausgeübt haben, erbringt den Nachweis, dass es ihnen zunächst mehr um Lust und Leistung als um Nervenkitzel geht: „Just for fun“, einfach Spaß haben und im Leben auch „einmal“ etwas Verrücktes tun, ist das Hauptmotiv einer Erlebnisgeneration, die im Hier und Jetzt lebt und das Leben aktiv erleben und intensiv genießen will. *Gesucht wird eher ein Leben mit Spaß als ein Leben in Gefahr.*

Nicht wegen des Risikos, sondern *trotz* des Risikos suchen Extremsportler „ihre“ körperliche Herausforderung. Thrill macht Spaß. Und mit dem Nervenkitzel wächst der Spaß. Es gehört sicher auch zur menschlichen Natur, Freude am gelegentlichen Nervenkitzel zu haben. Selbst für Chirurgen im Beruf gilt: „Je riskanter die Operation, desto mehr Spaß macht sie“ (Apter 1994, S. 57). Obwohl sie wissen, dass ärztliche Fehler für den Patienten tödlich ausgehen können, haben sie in solchen kritischen Situationen die größte Freude an ihrer Arbeit. Wenn das Adrenalin in Gang kommt, steigt auch der „Spaß-Spiegel“. Im berühmten Stiertreiben von Pamplona wurde einem überzeugten Mitläufer, der

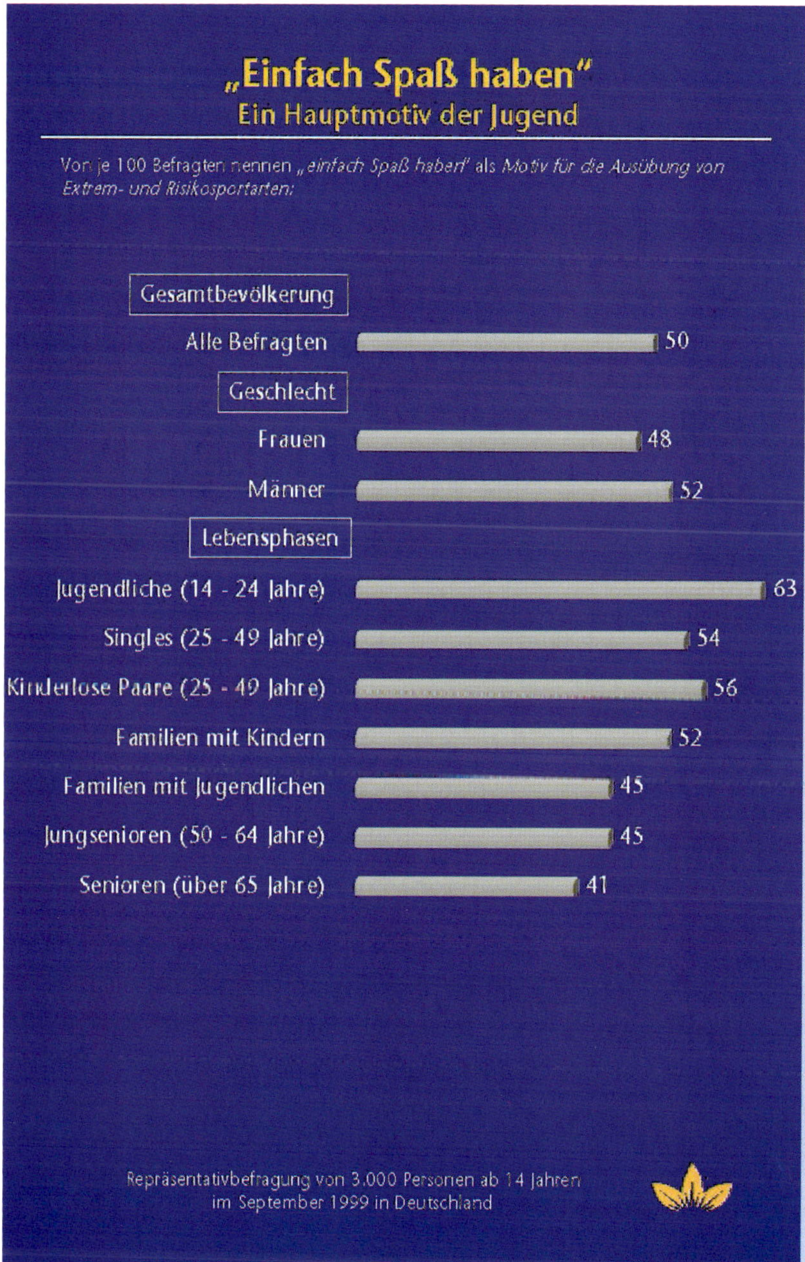
„Einfach Spaß haben"
Ein Hauptmotiv der Jugend
Von je 100 Befragten nennen *„einfach Spaß haben"* als *Motiv für die Ausübung von Extrem- und Risikosportarten:*
Gesamtbevölkerung
Alle Befragten 50
Geschlecht
Frauen 48
Männer 52
Lebensphasen
Jugendliche (14 - 24 Jahre) 63
Singles (25 - 49 Jahre) 54
Kinderlose Paare (25 - 49 Jahre) 56
Familien mit Kindern 52
Familien mit Jugendlichen 45
Jungsenioren (50 - 64 Jahre) 45
Senioren (über 65 Jahre) 41
Repräsentativbefragung von 3.000 Personen ab 14 Jahren
im September 1999 in Deutschland

aufgrund einer Verletzung durch die Hörner des Stieres bereits durch eine Narbe gezeichnet war, die Frage gestellt: „Ist für Sie wohl eine Art mystische Erfahrung?" Die Antwort: „Mystisch? Nicht die Spur! Purer Spaß. Reines Vergnügen" (Michener 1969, S. 499). So ist auch der Sponti-Spruch „more risk – more fun" zu verstehen.

Aus der Sicht von Extremsportlern wird das Risiko also nicht direkt gesucht, sondern naturgemäß als ein Teil des Ganzen billigend in Kauf genommen. Das Risiko gehört dazu wie beispielsweise „der regelmäßige, aber ungeliebte Besuch beim Zahnarzt", so Tim Kröger, zweimaliger Teilnehmer am Whitebread Round the World Race, der härtesten Segelregatta der Welt für Hochseecrews (Kröger 1998, S. 69). Natürlich macht es den Regatta-Crews mehr Spaß, bei starken Winden loszusegeln als bei Flaute umherzuschaukeln. Das Risiko segelt immer mit. *Gesucht wird der Spaß – auf dem Weg über den Thrill.* Mit dem Spaß entsteht ein Glücksgefühl darüber, etwas unter höchsten physischen und psychischen Anstrengungen geschafft zu haben. Den wirklichen Extremsportlern macht das Risiko folglich „nur dann Spaß, wenn man heil wieder nach Hause kommt" (Arved Fuchs).

■ *Experimentierfreude*

„Der Mensch muss sich (wie alle Lebewesen)
experimental zur Welt verhalten."
MICHAEL NERLICH, Literaturwissenschaftler (1998)

Nach den Lukianischen „Göttergesprächen" (150 n. Chr.) soll Fortuna, die Göttin des Zufalls, des wagemutigen Handelns und Eingehens von Risiken die letzte der antiken Gottheiten gewesen sein, die überlebt hatte und weiterhin angebetet wurde. Das „Experimentalverhalten zur Welt" (Nerlich 1998, S. 81) war stärker als die religiöse Furcht.

Im Extremsport kann die Probier- und Experimentierfreude (55 %) ausgelebt werden. Dann wird das Leben zu einem Balanceakt und einer Gratwanderung – immer mit der Möglichkeit, auch einmal vom gefährlichen Grat abzustürzen (Bergsteiger: *„Das törnt mich an“*). Probier- und Experimentierfreude heißt auch, ein wenig mit dem Risiko spielen. Das vermittelt ein besonderes Hochgefühl. Zum Ausprobieren gehört die Fähigkeit, sich so weit wie möglich nach vorne zu wagen – dem Stierkampf vergleichbar, in dem sich der Matador dem Stier möglichst dicht nähert. Es reizt ihn, den Stier zu reizen.

Natürliche Neugier ist die Antriebskraft für die Probier- und Experimentierfreude. Das Neue und Unbekannte übt einen gewissen Reiz aus. Je „neuer“ die Situation oder das Umfeld, desto größer ist der Reiz. Dies kann das „ewige Eis“ oder ein „neues Ufer“ sein. Die Neugier zielt letztlich auf das Gewinnen von Sicherheit, denn Unsicherheit macht Angst: „Das Neue bereitet nur dann Lust, wenn wir es aus der Sicherheit heraus erfahren“ (von Cube 1995, S. 32). Neugier, die Gier nach Neuem, ist schon immer ein innerer Motor von Entdeckern, Erfindern und Wagemutigen gewesen.

■ *Angstlust*

„Hinter dir liegt der Sieg über die Angst.“
Reinhold Messner

Am Anfang steht die Angst, die die Kehle zuschnürt. Angst vorher – Lust nachher: Spannungsvolle Momente des Lebens, zu denen Angst- und Glücksgefühle gehören wie Ein- und Ausatmen. Bungee-Jumping wird oft mit dem Erlebnis eines Kindes verglichen, das von den Eltern in die Luft geworfen und wieder aufgefangen wird. Auf dem Gipfelpunkt zeigt das Kind ein ängstliches Gesicht, dann folgt ein begeistertes Jauchzen. Nach dem Auffangen ruft es: „Mach’s noch einmal.“ Das

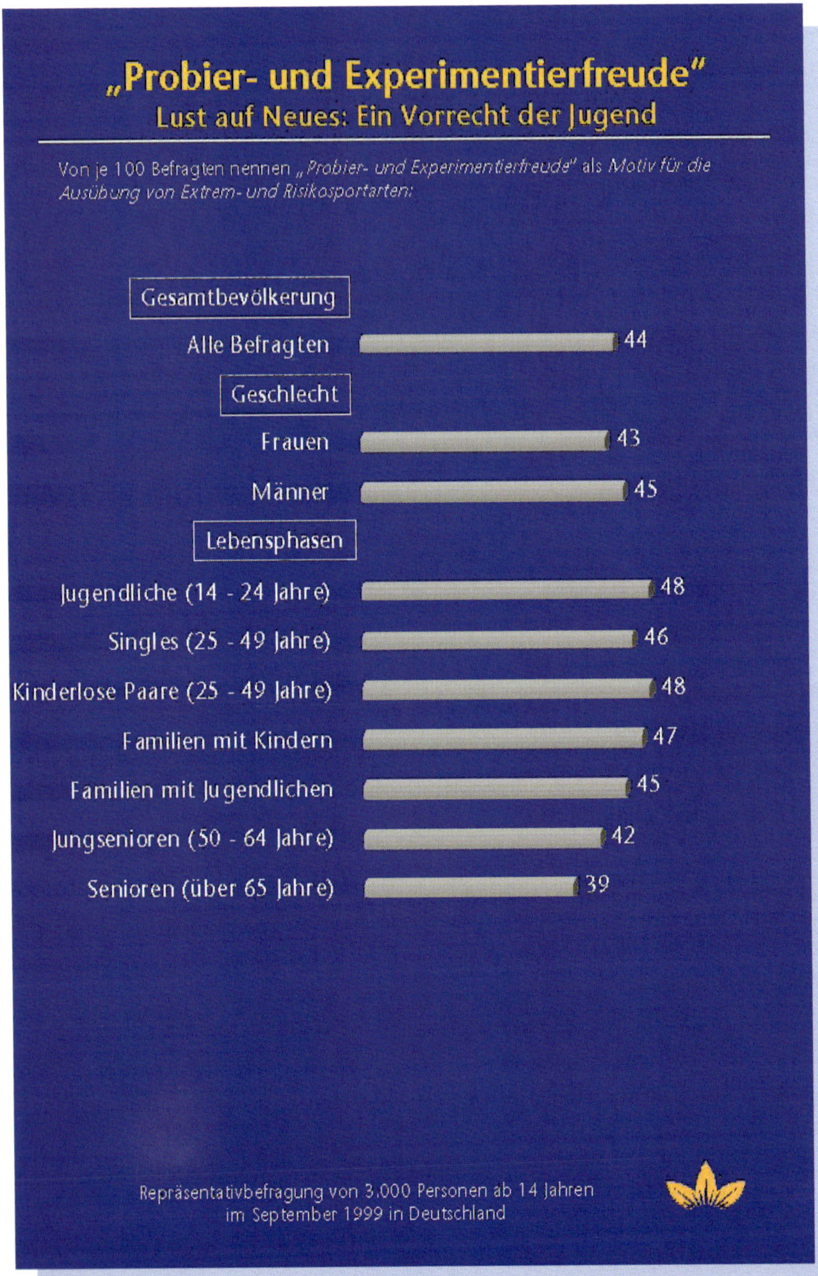
„Probier- und Experimentierfreude“
Lust auf Neues: Ein Vorrecht der Jugend
Von je 100 Befragten nennen „Probier- und Experimentierfreude“ als Motiv für die Ausübung von Extrem- und Risikosportarten:
Gesamtbevölkerung
Alle Befragten 44
Geschlecht
Frauen 43
Männer 45
Lebensphasen
Jugendliche (14 - 24 Jahre) 48
Singles (25 - 49 Jahre) 46
Kinderlose Paare (25 - 49 Jahre) 48
Familien mit Kindern 47
Familien mit Jugendlichen 45
Jungsenioren (50 - 64 Jahre) 42
Senioren (über 65 Jahre) 39
Repräsentativbefragung von 3.000 Personen ab 14 Jahren im September 1999 in Deutschland

Prinzip *Aufsteigen/Fallen/Aufgefangenwerden* ist das Geheimnis der Angstlust bei der Ausübung vieler Risikosportarten.

■ *Ersatz für entgangene Lebensfreude*

Der amerikanische Kultautor Bret Easton Ellis ist der Auffassung, „dass man sich aus einer gefühlsentleerten Welt, in der es allein um Fassaden und Objekte geht, nur durch einen ultimativen Akt heraussprengen kann" (Ellis 1999, S. 212). Wenn Menschen unter Gefühlsarmut leiden, gehen sie verstärkt auf die Suche nach Ausgleich oder Ersatz. Die einen machen den Erlebniskonsum zur Ersatzreligion, die anderen erhoffen sich von besonderen Erfolgserlebnissen im Extremsport einen Ersatz für entgangene Lebensfreude.

2. ALLTAGSFLUCHT

■ *Flucht vor der Langeweile*

„Unser größter Feind ist die Langeweile."
VOLTAIRE *(1694–1798)*

Extremsport kann zum letzten Kick für gelangweilte Menschen werden, die dem reiz- und erlebnisarmen Dasein wenigstens zeitweilig entrinnen wollen. Treibende Kraft ist in diesem Fall ein Bedürfnis nach Ausbruch und Ausstieg aus der Alltagswelt. *Die meisten Extremsportler haben mehr Angst vor der Langeweile des Lebens als vor dem Risiko der Sportausübung.* In der Erlebnisgesellschaft von heute scheint Langeweile mitunter beinahe tödlich, die Lust an der physischen Herausforderung aber grenzenlos zu sein. Aus der Psychologie ist bekannt, dass körperliche Bewegung eines der wirksamsten Mittel zur Bekämpfung der Langeweile ist. Sie macht zudem auch Spaß. Viele Extremsportler verausgaben sich zu ihrer eigenen Befriedigung. Die

Freude an der körperlichen Bewegung wird umso größer, je mehr ein Sportler gefordert und seine Leistungen maximiert werden. Der Extremsportler „bekämpft" mit seinem Organismus die Langeweile, um das eigene Unbehagen zu beseitigen (vgl. Scitovsky S. 34 f).

Das Angenehme und Unangenehme, das Behagliche und Unbehagliche liegen allerdings dicht beieinander. Die Grenzen des Zuviel und des Zuwenig sind fließend, das Angenehme liegt genau zwischen diesen Extremen. Die alten Griechen wussten sehr wohl, warum sie den goldenen Mittelweg bzw. ein Leben nach Maß empfahlen. Risiko und Gefahr können anregend sein, solange sich die Aufregung in Grenzen hält. Ein Risiko ist immer dann angenehm, wenn es kontrollierbar und begrenzbar ist und als solches auch erkannt wird. Um Langeweile zu vertreiben wird also die begrenzte Gefahr gesucht: „So erneuern wir unsere Überlebensstrategie" (Scitovsky 1977, S. 42 f). Risikosuche hat viel mit Lebensbewältigung zu tun. Zum Leben und Überleben aller Lebewesen gehört die *stimulierende Aktivität* – solange, bis die Langeweile verschwunden ist und sich Wohlbehagen einstellt.

Seit der Vertreibung aus dem Paradies ist offensichtlich auch die Vertreibung der Langeweile ein existentielles Problem. Ein beinahe biologisches Bedürfnis lässt die Menschen manchmal aus der Monotonie des Alltags ausbrechen und freiwillig Risiken eingehen. Was aber passiert, wenn selbst der Zustand der Aufregung normal und langweilig wird? „Eine gewisse Fähigkeit, Langeweile zu ertragen, ist unerlässlich zu einem glücklichen Leben" stellte der britische Nobelpreisträger Bertrand Russell fest (Russell 1951, S. 53). Die Erlebniskonsumenten von heute müssen lernen, wieder mit sich allein sein zu können, da – wie Blaise Pascal betonte – „alles Unglück der Menschen einem entstammt, nämlich dass sie unfähig sind, in Ruhe allein in ihrem Zimmer bleiben zu können" (Pascal 1954, S. 150). Genau hier liegt das bisher ungelöste Problem, das dem modernen Menschen zunehmend zu schaffen macht. Der Risiko-

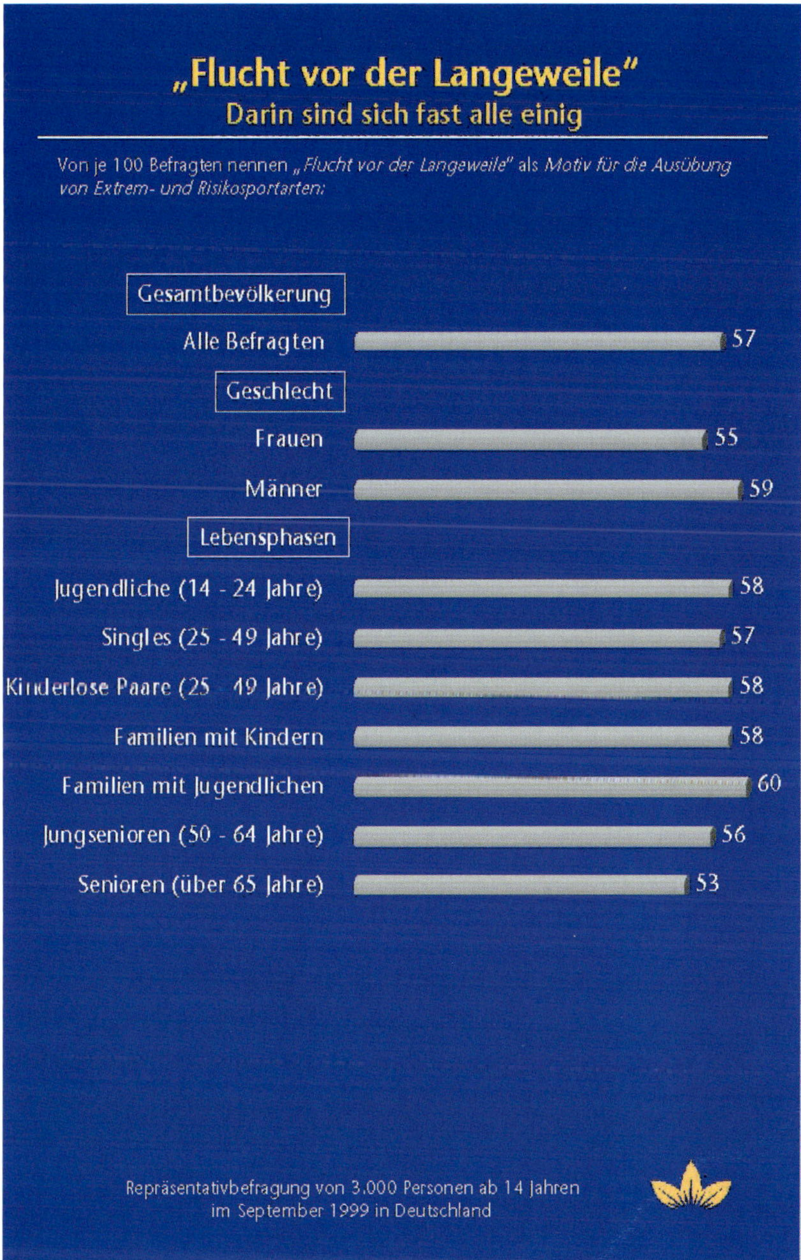
„Flucht vor der Langeweile"
Darin sind sich fast alle einig
Von je 100 Befragten nennen „Flucht vor der Langeweile" als Motiv für die Ausübung von Extrem- und Risikosportarten:
Gesamtbevölkerung
Alle Befragten 57
Geschlecht
Frauen 55
Männer 59
Lebensphasen
Jugendliche (14 - 24 Jahre) 58
Singles (25 - 49 Jahre) 57
Kinderlose Paare (25 - 49 Jahre) 58
Familien mit Kindern 58
Familien mit Jugendlichen 60
Jungsenioren (50 - 64 Jahre) 56
Senioren (über 65 Jahre) 53
Repräsentativbefragung von 3.000 Personen ab 14 Jahren im September 1999 in Deutschland

sport wird zur willkommenen Abwechslung. Zur Vertreibung von Langeweile genügt vielen Menschen schon ein Fernsehgerät oder ein gutes Buch; Extremsportler hingegen brauchen ein eigenes Übungsgelände für ihren Zeitvertreib. Erst mit der körperlichen Anstrengung gelingt der Kick.

Extremsportler können zum Opfer ihrer eigenen Adrenalinsucht werden. Denn nach dem Erfolgserlebnis droht ein *Absturz in das emotionale Vakuum:* „Einmal oben, kostet es mich Überwindung, wieder abzusteigen", so die Begründung von Reinhard Messner: „Mit dem Abstieg beginnt sich für mich nicht selten eine Leere in mir aufzutun – eine *verlorene Utopie* – die auch durch das Erfolgsbewusstsein nicht ausgefüllt werden kann" (Messner 1978). Um die Leere und Langeweile zu verdrängen, wird sofort das nächste Unternehmen geplant, oder die leeren Stunden werden mit Kraft- und Ausdauertraining gefüllt. Hektik und Aktivismus sollen das Vakuum vergessen machen. Sie können, ja sie wollen nicht zur Ruhe kommen. Ein Teufelskreis, der sie zu immer neuen Risiken antreibt.

■ *Überdrussphänomen*

„Permanente Übersättigung führt
zur Sucht nach noch mehr.
An die Stelle des Erlebnisses tritt
die Sensation, der Nervenkitzel…"
HEINZ SCHENK: Der Sport (1954)

Jeder vierte Extremsportler (25 %) beantwortet die Frage, warum bei der Sportausübung freiwillig ein Wagnis eingegangen wird, mit dem Hinweis auf ein Wohlstands-, Sattheits- und Überdrussphänomen. Die physische Anstrengung wird als Antwort auf die materielle oder mentale (Über-)Sättigung verstanden.

Eine Generation, die keine Kriegs-, Nachkriegs- oder ökonomischen Notzeiten kennt und weitgehend im Wohlstand aufgewachsen ist, läuft Gefahr, sich mit Sattheit und Überdruss zu arrangieren, wenn sie nicht neue Herausforderungen findet oder erfindet: „Ich sitz' jeden Tag in der Bank. Ich hab' nichts weiter zu tun, als den Leuten die Ohren vollzuquaken, möglichst steril auszusehen und nett zu sein. Am Wochenende power ich mich aus“, so ein junger Banker (DER SPIEGEL Nr. 34/1993, S. 80). Das Auspowern wird zum Ausbruch aus einem überzivilisierten Leben.

Flucht aus der Vollkasko-Gesellschaft

„Wie kann man sich von einer
Generation abgrenzen, die bereits
alle Extreme ausprobiert hat?“
GREY STRATEGIC PLANING, Düsseldorf: „Teens 2000“

Je sicherer wir unser Leben gestalten und von Vollkasko-Mentalität umgeben sind, desto mehr sehnen wir uns nach Risiken. „Flucht aus der Vollkasko-Mentalität“ heißt, gegen den Strom schwimmen. Die Suche nach Aufregung in einer langweiligen Welt – nach Norbert Elias macht dies einen der Hauptreize sportlicher Aktivität aus: „The quest for exciting in unexciting societies“ (Elias 1969). Der Psychotherapeut Viktor Ernst Frankl formulierte es noch deutlicher: Der Mangel an Spannung und Aufregung im Alltagsleben bringe die Menschen auf seine Couch – die Menschen sollten doch lieber in die Berge gehen (Frankl 1972). In einer spannungslos erscheinenden Gesellschaft bekommt der Risikosport eine psychohygienische Bedeutung; das scheinbar Überflüssige kann zur Notwendigkeit werden.

3. LUST AM RISIKO

„Ohne die Lust nach Abenteuer
in der Jugend muss jede Zivilisation
dahinschwinden."
KURT HAHN: Erziehung zur Verantwortung (1958)

Es gibt grundlegende menschliche Bedürfnisse, die nach Auffassung des französischen Anthropologen Roger Callois in besonderer Weise die Lust am Risiko erklären können (vgl. Callois 1961):

- *Agon:* Bedürfnis nach Wettbewerb, um die eigene Schnelligkeit und Ausdauer zu prüfen
- *Mimikry:* Bedürfnis, die eigenen Grenzen durch Nachahmung oder So-tun-als-ob zu überschreiten
- *Illiux:* Bedürfnis nach Gefahr, Risiko und Schwindelgefühl
- *Alea:* Bedürfnis, das Glück oder den Zufall herauszufordern

Aus der Psychologie ist bekannt, dass Aufregung angenehm und Angst unangenehm empfunden wird.

- Aufregung ist emotional positiv besetzt: Spannung, Euphorie, Ekstase.
- Angst ist emotional negativ besetzt: Besorgnis, Furcht, Entsetzen, Panik.

Das Gegenteil von Aufregung ist Langeweile, das Gegenteil von Angst Entspannung. Aufregung und Entspannung werden gesucht, Angst und Langeweile gemieden. Die Gratwanderung dazwischen macht den Reiz des Risikosports aus.

Ultimativen Kick erleben

„Um wieviel besser ist es, man stirbt
in der glücklichen Zeit und tritt ab
im hellen Glanze des Lichts."
ERNEST HEMINGWAY, Nobelpreisträger und
Großwildjäger (1900–1961)

Der ultimative Kick lässt die Seele fliegen, auch wenn er für den Körper extremen Stress bedeutet. 59 Prozent der Extremsportler nennen den „ultimativen Kick erleben" als Hauptmotiv für ihre Risikosuche. Gesucht wird der Kick für das Selbstvertrauen, eine geballte Ladung Selbstwertgefühl. *Ultimativer Kick heißt: immer härter, immer extremer, immer gefährlicher.* Noch Anfang der neunziger Jahre war der Ironman beim Triathlon von Hawaii das Nonplusultra der Extremsportler aus aller Welt. An einem einzigen Tag 3,8 Kilometer Schwimmen, 180 Kilometer auf dem Fahrrad, 42,195 Kilometer Laufen bei 35 Grad im Schatten. Inzwischen hat der Ironman aufgrund der Kommerzialisierung für viele Extremsportler seinen Reiz verloren. Sie suchen nach neuen Herausforderungen wie z. B. BASE-Jumping, Sky-Surfing, Eis Klettern. Je riskanter, desto reizvoller. Sie wollen sich den Schweiß auf die Stirn treiben und das Adrenalin zum Kochen bringen.

In Neuseeland leben 3,5 Millionen Menschen und 46 Millionen Schafe. Dieses Land gilt als das Paradies für Extremsportler aus aller Welt. *Thrillseekers* heißen die Adventure-Touristen, von denen rund dreihundert Unternehmen mit Namen wie „Extreme Green", „Gravity Action" oder „Wet'n Wild" leben. Täglich werden Hunderte von Extremsportlern in Jetbooten mit Wasserturbinen-Antrieb zu den Bungee-Plattformen transportiert. Für einen ultimativen Adrenalin-Cocktail werden vier Überdosen innerhalb von sechs Stunden angeboten: „Im Helikopter zur Bungeebrücke fliegen, hinabstürzen, mit dem Jetboot weiter flussaufwärts jagen, um dann die ganze Strecke mit dem Schlauchboot wieder ins Tal zu rauschen“ (Weissbach 1998, S. 42).

Was aber passiert, wenn selbst die körperliche Höchstleistung normal und alltäglich wird? Dann hilft nur noch der *mentale Thrill,* wobei die Angst vor dem Nicht-mehr-gefordert-sein den Einfallsreichtum und das Raffinement der Erlebnishungrigen verstärkt. Weil über allem das Damoklesschwert von Eintönigkeit und innerer Leere schwebt, bleibt nur die Steigerung als letzter Ausweg; ein Teufelskreis von latenter Langeweile und permanenter Erlebnissteigerung entsteht.

Die Zahl der Taucher hat sich beispielsweise in den letzten zehn Jahren mehr als verdoppelt. Das schwerelose Gleiten ist für viele inzwischen langweilig geworden. Sie streben nach immer größeren Weiten und Tiefen („Pack die Atemmaske ein!“). So suchen die „Apnoisten“ (griech. Apnoi = Atemlosigkeit) in der selbst erzeugten Luftknappheit den ultimativen Kick, indem sie durch schnelles tiefes Ein- und Ausatmen mehrmals hintereinander ihr Blut so stark mit Sauerstoff anreichern, dass sie sehr viel länger als normal die Luft anhalten und unter Wasser bleiben können.

Der Nervenkitzel wird gesucht, das flaue Gefühl in der Magengegend, das wilde Herzklopfen im Brustkorb. Sogenannte Beta-Endorphine werden freigesetzt, körpereigene Wirkstoffe im Zentralnervensystem, die opiatähnlich die Schmerzempfindungen im Gehirn blockieren und euphorische Gefühle hervorrufen. Den alten Kindheitstraum von der Riesenschaukel oder den Menschheitstraum von der Lust am freien Fall kann man sich heute beim Bungee-Jumping verwirklichen, einer Art Jo-Jo am Autokran. Für ein paar Mark kann man den Sprung ins Nichts wagen, ohne sich dabei den Hals zu brechen. Vom Fernsehturm lässt man sich in die Tiefe fallen – das hochelastische Gummiseil bremst den Sprung sanft ab.

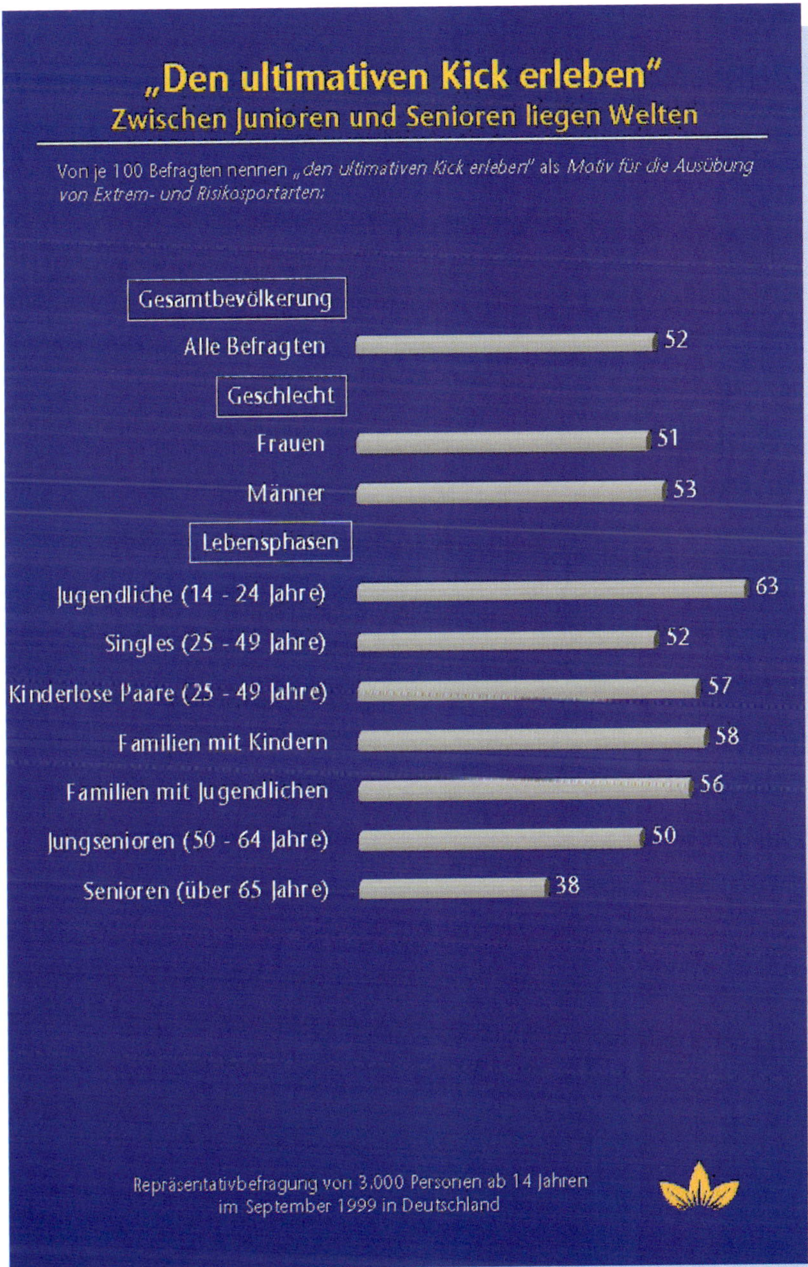
„Den ultimativen Kick erleben"
Zwischen Junioren und Senioren liegen Welten
Von je 100 Befragten nennen „den ultimativen Kick erleben" als Motiv für die Ausübung von Extrem- und Risikosportarten:
Gesamtbevölkerung
Alle Befragten 52
Geschlecht
Frauen 51
Männer 53
Lebensphasen
Jugendliche (14 - 24 Jahre) 63
Singles (25 - 49 Jahre) 52
Kinderlose Paare (25 - 49 Jahre) 57
Familien mit Kindern 58
Familien mit Jugendlichen 56
Jungsenioren (50 - 64 Jahre) 50
Senioren (über 65 Jahre) 38
Repräsentativbefragung von 3.000 Personen ab 14 Jahren im September 1999 in Deutschland

Einer der weltbesten Triathleten, Andreas Niedrig, gibt freimütig zu, dass er sich „vom Junkie zum Ironman“ gewandelt und den Extremsport als Ersatzdroge entdeckt hat. Früher hat er sich seine *Glücksgefühle* auf dem Schwarzmarkt gekauft, heute bekommt er sie durch acht Stunden Sport am Tag. Ohne den „körperlichen Kick“ könnte er nicht mehr leben (vgl. Schmitt-Kilian 2000). Beim Kick-Erleben liegen verständlicherweise Welten zwischen Jugendlichen und Senioren. Für Jugendliche hat ein Leben zwischen Kick und Kult eine viel größere Bedeutung.

■ *Grenzerlebnisse*

„Grenzen?
Ich habe niemals eine Grenze gesehen.“
THOR HEYERDAHL,
Pazifikreisender mit dem Floß „Kon-Tiki“ 1947

Der Zeitgeist fordert: Lote deine Grenzen aus! Das Überwinden von Grenzen im Sport, in Forschung und Wissenschaft, im gesamten Leben – das ist zugleich das Credo vieler Grenzgänger seit Jahrhunderten. Extremsportler fühlen sich ausgegrenzt; auf der Suche nach einem Zentrum in ihrem Leben loten sie das gesamte Spektrum von Lebens- und Erlebnismöglichkeiten aus. Indem sie natürliche Grenzen überwinden, befinden sie sich auf direktem Weg zu sich selbst. Hier offenbart sich eher Identitätsnot als Identitätsfindung: „Immer wieder fuhr ich nachts aus dem Schlaf: Von Angstträumen geplagt, in der Empfindung, allein gelassen zu sein wie ein Findelkind“ (Messner 1990, S. 13). Wurde das Grenzerlebnis überstanden bzw. überlebt, hat man es sich selbst – wieder einmal – bewiesen.

Die Grenzerfahrungen im Extremsport erinnern nicht selten an Leiden, Qualen, ja fast Folter: *„Ich lebe nicht mehr, ich vegetiere nur noch“*

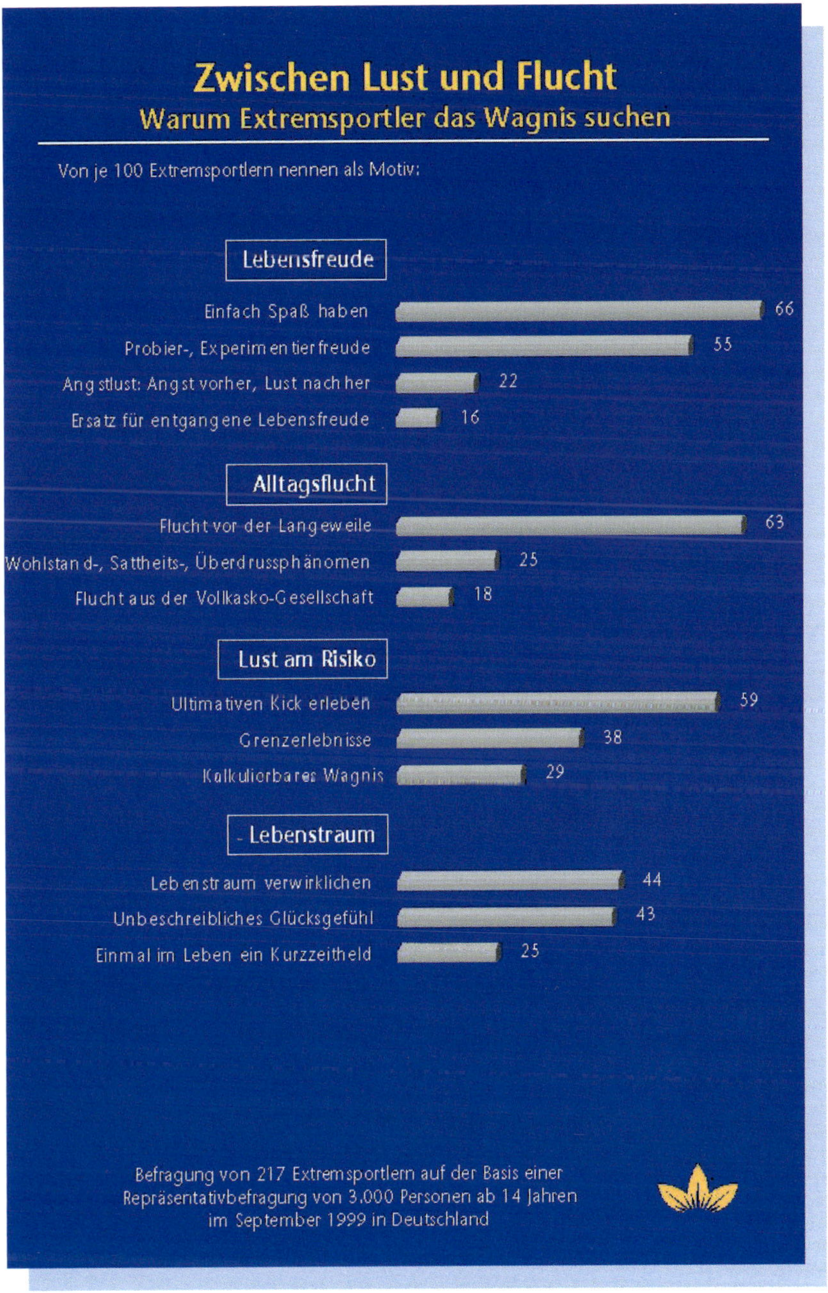
Zwischen Lust und Flucht
Warum Extremsportler das Wagnis suchen
Von je 100 Extremsportlern nennen als Motiv:
Lebensfreude
Einfach Spaß haben 66
Probier-, Experimentierfreude 55
Angstlust: Angst vorher, Lust nachher 22
Ersatz für entgangene Lebensfreude 16
Alltagsflucht
Flucht vor der Langeweile 63
Wohlstand-, Sattheits-, Überdrussphänomen 25
Flucht aus der Vollkasko-Gesellschaft 18
Lust am Risiko
Ultimativen Kick erleben 59
Grenzerlebnisse 38
Kalkulierbares Wagnis 29
Lebenstraum
Lebenstraum verwirklichen 44
Unbeschreibliches Glücksgefühl 43
Einmal im Leben ein Kurzzeitheld 25
Befragung von 217 Extremsportlern auf der Basis einer
Repräsentativbefragung von 3.000 Personen ab 14 Jahren
im September 1999 in Deutschland

(Messner 1982, S. 242). Die äußerste Grenze der physischen und psychischen Belastung wird überschritten. Fast lösen sich die Ich-Grenzen auf. Im Extremfall kann es zu Halluzinationen, Wahnsinns- und Panikanfällen kommen (Aufmuth 1996, S. 127 f). Jedes Mal, wenn man eine Grenze erreicht, setzt man eine neue; die Dosis wird permanent gesteigert. Am Ende kann man nur noch Nein sagen – oder an die letzte Grenze gehen.

■ *Kalkulierbares Wagnis*

„Extremsport ist nur für denjenigen extrem,
der ihn nicht beherrscht.“
HEINER GEISSLER, Politiker

Es geht um kalkuliertes Risiko und kontrollierte Gefahr, auch wenn die meisten Extremsportarten „wie originelle Arrangements zum Selbstmord aussehen“ (Delekat 1999, S. 3). Ein kalkulierbares Wagnis eingehen heißt, ein hohes Gefahrenbewusstsein haben. Für die Wagemutigen gilt, dass sie ihr Leben lieben – also kalkulieren sie das Risiko und riskieren keineswegs Kopf und Kragen. „Ich würde das Bergsteigen statt als riskantes Spiel eher als kalkuliertes Risiko bezeichnen. Es ist kein Roulettespiel. Der Nervenkitzel beim Bergsteigen fließt in eine Gefahrensituation ein, und dann setzen Sie Ihr Können ein, um dieser Gefahr zu begegnen“ (Bonington 1986, S. 200). Risikosportler können bis an den Rand der Gefahr gehen und sich glücklich fühlen.

4. LEBENSTRAUM

■ *Lebenstraum verwirklichen*

„Wahrscheinlich geht es uns zu gut,
dass man solche abartigen Reize sucht.
Wir kämpfen ja nicht ums Überleben ...“
BUNGEE JUMPER

Einmal im Leben werden Berufs- und Privatleben fast zur Nebensache, die Verwirklichung eines Lebenstraums zur Hauptsache. Es ist ein urmenschlicher Wunsch, einmal etwas Einmaliges, Besonderes, Außergewöhnliches, ja total Verrücktes zu tun. Hier darf und muss alles anders als im Alltag sein. Der Kontrast und das Extreme werden gesucht. Die einen träumen vom Leben auf einer Insel in der Südsee mit Palmen, Sonne und vielen Früchten, andere wollen am liebsten am Nordpol sonnenbaden, und wieder andere suchen das Risiko beim Extremsport. Mehr als zwei von fünfzig Extremsportlern (44 %) geben an, sich einen Lebenstraum verwirklichen zu wollen.

Hohe Berge? Weite Wüsten? Ferne Pole? Das ist Alltag für viele Erlebniskonsumenten geworden. Als besonderer Reiz kommen Erlebnispakete hinzu: Komplette Berg-, Tal- und Wasserabenteuer jenseits ausgetretener Trampelpfade. Raften, Rudern, Kanufahren – Sport, Natur und Wasser ohne Ende. Nach dem Grundsatz „träum' nicht davon, mach' es einfach“ fährt man mit Booten durch die Wildnis oder mit Kanus durch die Schluchten. Im Wettkampf mit Wind und Wellen ziehen Wassersportler eine Bilanz ihres Tuns. 31 Prozent der Segler und 29 Prozent der Taucher *verwirklichen einen Lebenstraum,* der in nachhaltiger Erinnerung bleibt. Sie genießen die Freiheit auf und unter dem Wasser und sind immer auf der Suche nach dem Besonderen. Das Traumziel wird zum Lebensziel.

Unbeschreibliches Glücksgefühl

„Man ist einfach glücklich,
von A bis Z, man vergisst alles,
was da noch an Belastungen da ist.“
Body Flyer

Bungee Jumper geben sich am glücklichsten. Nach gelungenem Sprung haben sie „ein unbeschreibliches Glücksgefühl“ (45 %). Das kennen andere Risikosportler auch, allerding weniger extrem. Der Glücksrausch ist beispielsweise bei Canyoning-Teilnehmern deutlich geringer (35 %); für sie hat die Probier- und Experimentierfreude eine größere Bedeutung (48 %). „Glück hat auf die Dauer doch zumeist wohl nur der Tüchtige.“ Dieser Ausspruch des Strategen Helmuth Graf von Moltke kennzeichnet in besonderer Weise die Motivation vieler Risikosportler. Das Glücksgefühl erscheint vollkommen, wenn es verdient, regelrecht erarbeitet oder auch erlitten wurde.

Einmal im Leben ein Kurzzeitheld

„Jeder Mensch ist in seinem Leben
einmal für 15 Minuten berühmt“.
Andy Warhol,
amerikanischer Maler und Pop Art-Künstler.

Nirgendwo gedeiht der Held des Tages, die Eintagsfliege des Ruhms, besser als in den westlichen Wohlstandsländern. Der Kurzzeitheld gehört zum westlichen Freizeitalltag wie TV und Video, Auto, Kino und Cola. In der Arbeit körperlich immer weniger gefordert, will sich jeder vierte Extremsportler wenigstens *einmal im Leben wie ein Kurzzeitheld fühlen* (25 %). Extremsportler leben ihre Träume aus, Träume, die an alte Menschheitsträume anknüpfen. In der griechischen Mythologie kam

Ikarus mit seinen durch Wachs zusammengehaltenen Flügeln der Sonne zu nahe und stürzte ins Meer. Doch der Extremsportler kann es sich leisten, in höhere Sphären emporzusteigen. Die moderne Technik erspart ihm das Schicksal seines antiken Vorbildes Ikarus: Er kann nach dem Looping und Super-Kick in 250 m Höhe unbeschadet wieder in Las Vegas landen.

5. ERLEBNISHUNGER

■ *Gemeinsame Abenteuer*

Extremsportler sind Individualisten und legen doch großen Wert darauf, gemeinsam Abenteuer zu erleben. Das Gruppenerlebnis selbst wird für jeden dritten Extremsportler (35 %) zum Abenteuer. Der Austausch über das gemeinsam Erlebte steigert den Ereigniswert. Die Erfahrung von Kameradschaft, Teamgeist, Zusammenhalt und Gruppenleben in einer extremen Lebenssituation kann für die persönliche Entwicklung prägend sein.

Dennoch: „Gemeinsamkeit“ und Gruppenerlebnisse halten sich bei Risikosportlern in Grenzen (28 %). Sie verstehen sich oft als Manager einer „Ich-AG“ oder „Selbst-GmbH“, die hauptsächlich an den eigenen Spaß (50 %) oder an die Selbsterfahrung beim ultimativen Kick (52 %) denken. Die anderen braucht man primär als Mitspieler.

■ *Wettkampf mit Naturgewalten*

„Mit dem Einbaum den Atlantik überqueren.
Warum? Um mir selbst zu beweisen,
dass ich der Natur gewachsen bin.“
RÜDIGER NEHBERG (Februar 2000)

Extremsport spielt sich in freier Natur ab. Naturabenteuer werden gesucht. Wilderness-Erlebnisse zwischen River-Rafting und Paragliding. Im Wettkampf mit Naturgewalten übt der *Gegner Natur* mitunter greifbare, physische Gewalt gegen seinen vermeintlichen Bezwinger aus. Mit Einfallsreichtum und weniger mit Körperkraft kann die Natur ‚überlistet‘ werden. Bleibt der Mensch Sieger, kommen *Machtgefühle* auf: „Ich erfahre die Macht, sichtbar große Gefahren durch mein Können zu meistern“ (Aufmuth 1996, S. 167).

Nicht zufällig wirbt die Risikosport-Branche damit: „Spaß haben und die Kraft der Natur entdecken!“

■ *Intensives Naturerleben*

Natur will und soll hautnah erlebt werden – bei tiefhängenden Ästen durch dichtes Gebüsch, mit Tier- und Pflanzenwelt auf Tuchfühlung und dann ab durch Wellen und Strömungen. Jede Flussbewegung wird zum Abenteuer. Die Intensität des Naturerlebens erweckt den Anschein, ein urwüchsiges persönliches Leben im Rahmen der natürlichen Bedingungen zu führen. Selbsterfahrung in der Natur? Rendezvous der äußeren und der inneren Natur? Ehrfurcht vor der Schöpfung? Nicht selten verbirgt sich dahinter die Sehnsucht nach einem harmonischen Miteinander von Mensch und Natur, Tier und Landschaft.

So gesehen ist Risikosport Natursport, d. h. er wird beim Klettern, Wildwasserfahren oder Gleitschirmfliegen als Naturabenteuer erlebt.

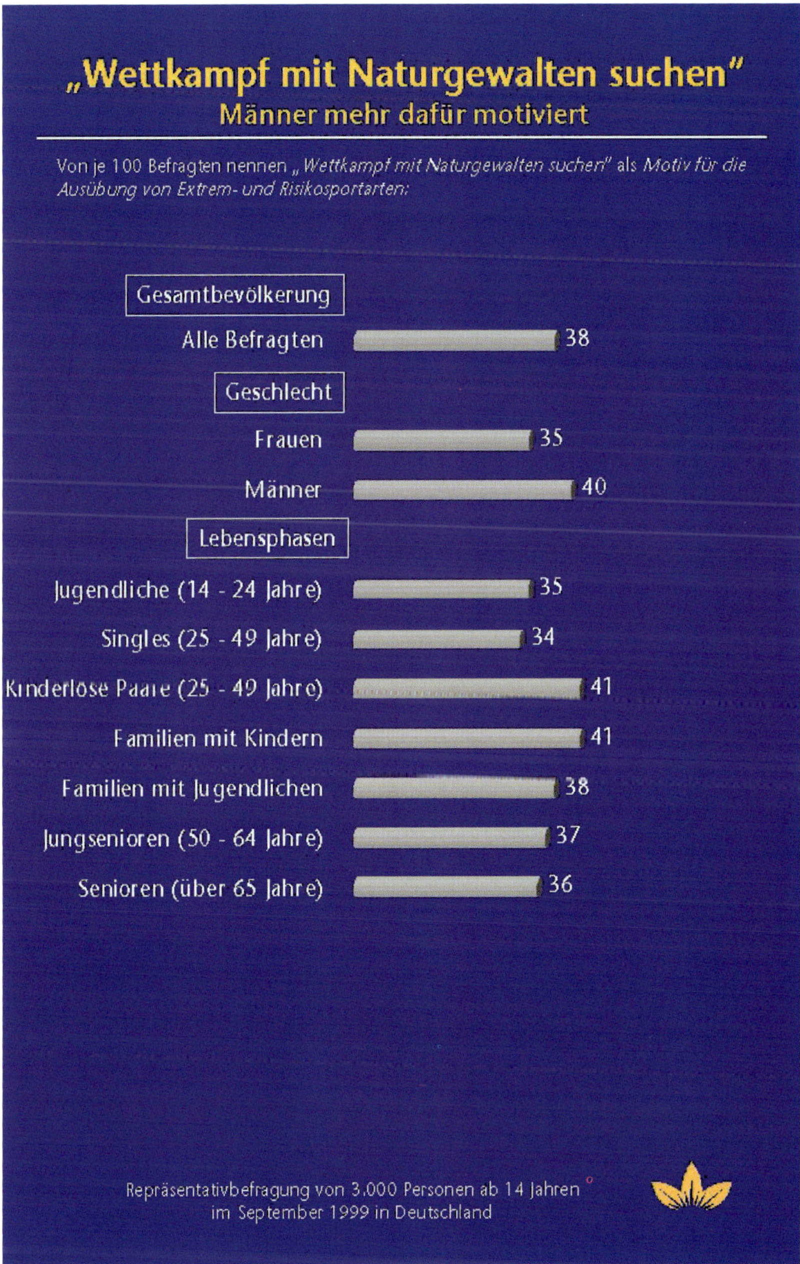
„Wettkampf mit Naturgewalten suchen“
Männer mehr dafür motiviert
Von je 100 Befragten nennen *„Wettkampf mit Naturgewalten suchen“ als Motiv für die Ausübung von Extrem- und Risikosportarten:*
Gesamtbevölkerung
Alle Befragten 38
Geschlecht
Frauen 35
Männer 40
Lebensphasen
Jugendliche (14 - 24 Jahre) 35
Singles (25 - 49 Jahre) 34
Kinderlose Paare (25 - 49 Jahre) 41
Familien mit Kindern 41
Familien mit Jugendlichen 38
Jungsenioren (50 - 64 Jahre) 37
Senioren (über 65 Jahre) 36
Repräsentativbefragung von 3.000 Personen ab 14 Jahren
im September 1999 in Deutschland

6. LEBENSBEWÄLTIGUNG

■ *Mit eigenen Ängsten fertig werden*

„Ich gehöre nicht zu den Menschen,
die sich freudig in Lebensgefahren stürzen
und alles Mögliche machen, wenn nur das
Risiko groß genug erscheint. Aber das Erreichen
der eigenen Grenzen und manchmal sogar die
Überwindung persönlicher Ängste können sehr
befriedigend sein.“
TIM KRÖGER, Segelprofi aus Hamburg (1998)

Der Erfolgsautor Stephen King kann sich angeblich nicht erklären, „warum die Leute bereit sind, viel Geld dafür hinzublättern, dass man ihnen extremes Unbehagen bereitet“ (vgl. Apter 1994, S. 92). Ähnlich verhalten sich Extremsportler, die teilweise bewusst auf Angstsuche gehen, um sich mit den eigenen Ängsten zu konfrontieren. Sie genießen die Angstbewältigung sogar wie eine eigene sinnliche Qualität.

Bei der Sportausübung kann man lernen, mit eigenen Ängsten umzugehen – beim Surfen (12 %) und Segeln (9 %) allerdings nur bedingt. Als sehr viel hilfreicher im Hinblick auf Angstbewältigung werden dagegen Tauchen (27 %), Canyoning (28 %) und River-Rafting (30 %) eingeschätzt.

Leben als Herausforderung

„Warum ist Klettern so lustvoll?
Weil man bei jedem Schritt Unsicherheit
in Sicherheit verwandelt."
FELIX VON CUBE: Gefährliche Sicherheit (1990)

Handball? Tennis? Skifahren? Solche Sportarten drohen eine Spur langweilig zu werden. Immer mehr Menschen in der westlichen Welt lechzen nach neuen Herausforderungen. Ende der achtziger Jahre gab es in den USA etwa 50.000 Extremkletterer; heute sind es zehnmal so viele. Das Leben als Herausforderung annehmen heißt, Unternehmergeist und Eigeninitiative zu entwickeln sowie den Mut zu Risiken zu haben. Jeder Mensch braucht Raum für das Risiko von Kindheit an. Zu einem Spielplatz, so urteilen die Gerichte, gehört daher das Ermöglichen des Erlebens von Risiko und Abenteuer.

Berufliche Stress-Situationen meistern

Führungskräfte aus der Wirtschaft unterziehen sich in Manager-Seminaren anstrengenden Gipfeltouren und gehen freiwillig an die Grenzen ihrer Leistungsfähigkeit. Hier können sie – wie im Beruf – den Auf- und Abstieg üben sowie den Umgang mit Stress, Angst und Überforderung trainieren. Solche Grenzerfahrungen sind bei ungewöhnlichen beruflichen Anforderungen hilfreich. Das außerberufliche existentielle Erleben wird beim Meistern beruflicher Stress-Situationen zum Hilfsmittel.

Viele vertrauen auf die Wechselwirkung von Risikosport und beruflicher Leistungsfähigkeit. Wer in der Wildnis die Orientierung nicht verliert, könnte auch sonst ein guter Teamchef oder Unternehmensleiter sein. Und im übrigen zeigt die Alltagserfahrung: Die besten Ideen kommen den Managern nicht am Arbeitsplatz, sondern in der Freizeit bei Hobby und Sport.

■ *Ersatz für früheren Überlebenskampf*

„Es gibt gewisse Formen der Risikobereitschaft,
die erst unter Wohlstandsbedingungen gedeihen:
Motorsport, Bungee-Springen, Abenteuerurlaub,
Extremsportarten."
HILMAR HOFFMANN: „Zum Verhältnis von Risiko und Kultur" (1998)

„Überlebenskampf" ist fast ein Fremdwort für eine junge Generation, die Hunger und Not kaum erfahren hat. „Wahrscheinlich geht es uns zu gut, dass man solche abartigen Reize sucht. Wir kämpfen ja nicht ums Überleben" (Hartmann 1995, S. 35), so ein jugendlicher Bungee-Jumper. Insbesondere Teilnehmer an Survival-Trainings nutzen die Gelegenheit zum *Probeleben in freier Natur.* „Hunger" wird wieder – wie früher – zur existentiellen Herausforderung, denn zu essen gibt es nur das, was die Natur bietet.

Aus der Verhaltensforschung ist bekannt: Der Mensch ist auf Anstrengung programmiert, auf Kampf, Risiko und Gefahr, auf den ganzen Einsatz seiner Kräfte. Wenn er diese Herausforderung besteht, Risiken bewältigt und Unsicherheit in Sicherheit verwandelt, dann werden Anstrengung und Lust zu einer Einheit. Es klingt paradox: „Der Mensch sucht das Risiko auf, um Sicherheit zu gewinnen" (Cube 2000, S. 28).

Der amerikanische Sozialkritiker Christopher Lasch sagte uns ein „Zeitalter des Narzissmus" voraus, in dem der Sport in vieler Hinsicht „die reinste Form von Flucht" darstelle (Lasch 1979/1982). Der Sport befriedige das Verlangen nach risikolosen Schwierigkeiten. Hier würden die Menschen die körperlichen Anstrengungen suchen, die sie in ihrer Arbeit nicht mehr fänden. Der Sport würde eine Bedeutung wie nie zuvor bekommen und sogar noch wichtiger als im alten Griechenland werden, wo doch ein großer Teil des gesellschaftlichen Lebens um den sportlichen Wettkampf kreiste. Das Verlangen nach körperlicher Anstrengung würde immer größer werden, auch als Ausdruck eines rastlosen Lebens. Das 21. Jahrhundert kann vieles in einem sein: Ein Zeitalter der Langeweile, ein Zeitalter des Narzissmus und ein Zeitalter der Extreme.

PETZL
PETZL

„NO LIMITS“
AUSBLICK IN DIE ZUKUNFT

TEIL 5

„Ich definiere für mich den Grenzgänger so,
dass er unterwegs ist zwischen Durchkommen
und Umkommen. Das Ziel ist das Nichtumkommen...“
REINHOLD MESSNER
(Bayerischer Rundfunk III am 23. September 1994)

1. GRENZGÄNGER. LEBEN HART AN DER GRENZE

In der westlichen Welt werden Grenzsituationen im Leben wie Leiden, Krankheit, Siechtum oder Tod weitgehend ausgeblendet, rational zu erklären versucht und fast emotionslos hingenommen. Das emotionale Defizit „muss“ auf andere Weise ausgeglichen werden. Jenseits von Not, Schicksal oder auferlegtem Zwang wird ein Leben hart an der Grenze gesucht.

Grenze ist im Deutschen ein Synonym für Rahmen, Schranke und Beschränkung. Eine Grenze wird abgesteckt und muss in aller Regel auch eingehalten werden. Wer im Berufs- oder Privatleben seine Grenzen überschreitet, muss mit Sanktionen rechnen. Andererseits gibt es seit jeher sogenannte *Grenzgänger,* die in Grenzgebieten arbeiten und leben und daher permanent Grenzen passieren. Im übertragenen Sinne sprechen wir heute auch von „Grenzsituationen“, einer Wortbildung des Philosophen Karl Jaspers (1887–1963), der damit ungewöhnliche Situationen bezeichnete, in denen unübliche Mittel und Maßnahmen Anwendung bei der Situationsbewältigung fanden. In seiner „Psychologie der Weltanschauungen“ aus dem Jahr 1919 nennt er Situationen, die an der „Grenze unseres Daseins“ gefühlt und erfahren werden, Grenzsituationen.

„Solange ich gesund bin und klar denken kann, bin ich unterwegs – als Grenzgänger“ (Messner 1999, S. 115). Für den Grenzgänger

Reinhold Messner war es zeitlebens eine Herausforderung, in Erfahrung zu bringen, was jenseits der Grenzen des Machbaren liegt. Es kam ihm weniger darauf an, ein letztes Tabu vom Dach der Welt zu holen, als vielmehr, jenes Tabu zu respektieren, das uns erst zu Menschen macht: *unser Begrenztsein.* Grenzgänger sprengen die Grenzen nicht; sie machen Grenzerfahrungen und meiden nach Möglichkeit Grenzüberschreitungen.

Wer in einem Raumschiff die Erde umkreist, gewinnt einen neuen Blick auf die Erde und sich selbst. Der Physiker Ulf Merbold war schon dreimal im All und brachte ein verändertes Welt- und Selbstbild mit nach Hause.

- Global gesehen hat Merbold begriffen, dass die auf Landkarten eingezeichneten Grenzlinien nur Kopfgeburten von Menschen sind.
- Persönlich äußerte er: „Wir kamen alle verändert zurück.“ Ob Russen oder Amerikaner – viele fingen an, Erzählungen und Gedichte zu schreiben oder zu malen. „Sie wurden ausgesprochen kreativ“ (Merbold 2000, S. 8).

Extremsportler haben nach Aufmuth (1996) ebenso wie andere Grenzgänger (z. B. Ernest Hemingway) besondere Charaktereigenschaften. Sie besitzen eine starke Willenskraft, können Energiepotentiale mobilisieren und streben nach den letzten Grenzen des Machbaren und Erlebbaren. Sie setzen sich selbst Grenzmarken:

- Sie sind bereit, viel zu riskieren und „alles auf eine Karte zu setzen.“
- Sie demonstrieren Härte nach außen und gehören doch zu den besonders Sensiblen, die sich verletzlich zeigen oder innerlich *ausgegrenzt* fühlen.

„Xtrem. Der kalkulierte Wahnsinn" – der Buchtitel ist durchaus wörtlich zu nehmen: Vor allem bei Extrem-Alpinisten kommt es zu psychotischen Wahnsinnsgefühlen wie z. B. Halluzinationen, Trugbildern, Albträumen und Panikattacken. Als der österreichische Alpinist Hermann Buhl 1953 den Gipfel des Nanga Parbat (8.125 m) erreichte, litt er unter Halluzinationen: „Bin ich schon wahnsinnig? Narrt mich ein Spuk?" (Buhl 1954, S. 206 f). Und auch Messner klagte über den Verlust des Gleichgewichts-, Orientierungs- und Zeitsinns: „Plötzlich hatte ich das Gefühl, als runde, durchsichtige Wolke hinter mir herzuschweben. Ich war völlig schwerelos ..." (Messner 1978, S. 30). Das Wahnsinnsgefühl hilft offensichtlich, die Strapazen zu überstehen oder Angstempfindungen zu verdrängen.

Seit Jahren boomen Bücher mit Risiko-, Krisen- und Katastrophen-Schilderungen. Jan Krakauer gilt mit seinen Bestsellern „Über eisige Höhen" und „In die Wildnis" als Pionier für eine neue Art von Lesetortur. Im Mittelpunkt stehen von Sicherheit und Alltagstrott abgestoßene Abenteurer, die den Ausbruch wagen und sich unter extremen Bedingungen selbst bewähren und beweisen wollen. Sie verstehen sich keineswegs als ziel- und orientierungslose Traumtänzer. *Sie wollen leben – und zwar so intensiv wie möglich.*

Menschen, die sich freiwillig Risiken aussetzen, beweisen nicht nur ein großes Selbstvertrauen, sondern auch ein größeres Vertrauen in die Dinge, die ihnen Sicherheit versprechen. Sie wirken waghalsig, obwohl sie sich sicher fühlen. Ihre Sinne sind dabei voll angespannt. Sie wissen um die Allgegenwart der Gefahr und begegnen ihr positiv: „Meine denkwürdigsten und in einem gewissen Sinn auch genussreichsten Kletterfahrten spielten sich im Sturm und im Schneegestöber ab" (Bonington 1986, S. 200). Risikosportler durchleben das gesamte Gefühlsspektrum von großer Angst bis zu tiefer Freude. Sie suchen die persönliche Herausforderung und halten wenig vom nur ruhigen und beschaulichen Leben. Sie wollen *Sicherheit und Geborgenheit und zugleich Risiko und Gefahr.*

Für den Psychologen Michael Apter ist das freiwillige Eingehen von Risiken eine Voraussetzung für die Weiterentwicklung von Kultur und Gesellschaft: „Pioniere und Neuerer müssen Risiken eingehen“ (Apter 1994, S. 223). Entdecker, Forscher und Künstler leben seit jeher nach diesem Lebensprinzip. Wo Risikolust und Unternehmensgeist erlahmen oder unterdrückt werden (z. B. in totalitären Systemen) ist das gesellschaftliche Überleben infrage gestellt (vgl. z. B. den Untergang des kommunistischen Systems).

Grenzgänger wollen Erfolgsmenschen und keine Aussteiger sein. Empirisch lässt sich nachweisen, dass solche extremsportlichen Grenzgänger eher

- jung,
- ledig und
- höher gebildet

sind. Sie fühlen sich frei und weitgehend unabhängig, brauchen keine Rücksicht auf Familie und Kinder zu nehmen und können daher auch mehr wagen. Infolgedessen sind z. B. unter den 14- bis 29-jährigen sowie unter den Ledigen dreimal so viel Bungee-Jumper vertreten wie in der übrigen Bevölkerung. Und unter Freeclimbern sind Hochschul- und Universitätsabsolventen überrepräsentiert.

Bei allen Risiken und Gefahren, die mit der Ausübung des Extremsports verbunden sind, darf nicht die damit einhergehende große psychotherapeutische Wirkung übersehen werden, die Schlimmeres im Bereich von Aggressivität, Gewalt und Vandalismus verhüten hilft. Extrem- und Risikosport kompensieren wirksam Sinndefizite des Alltagslebens:

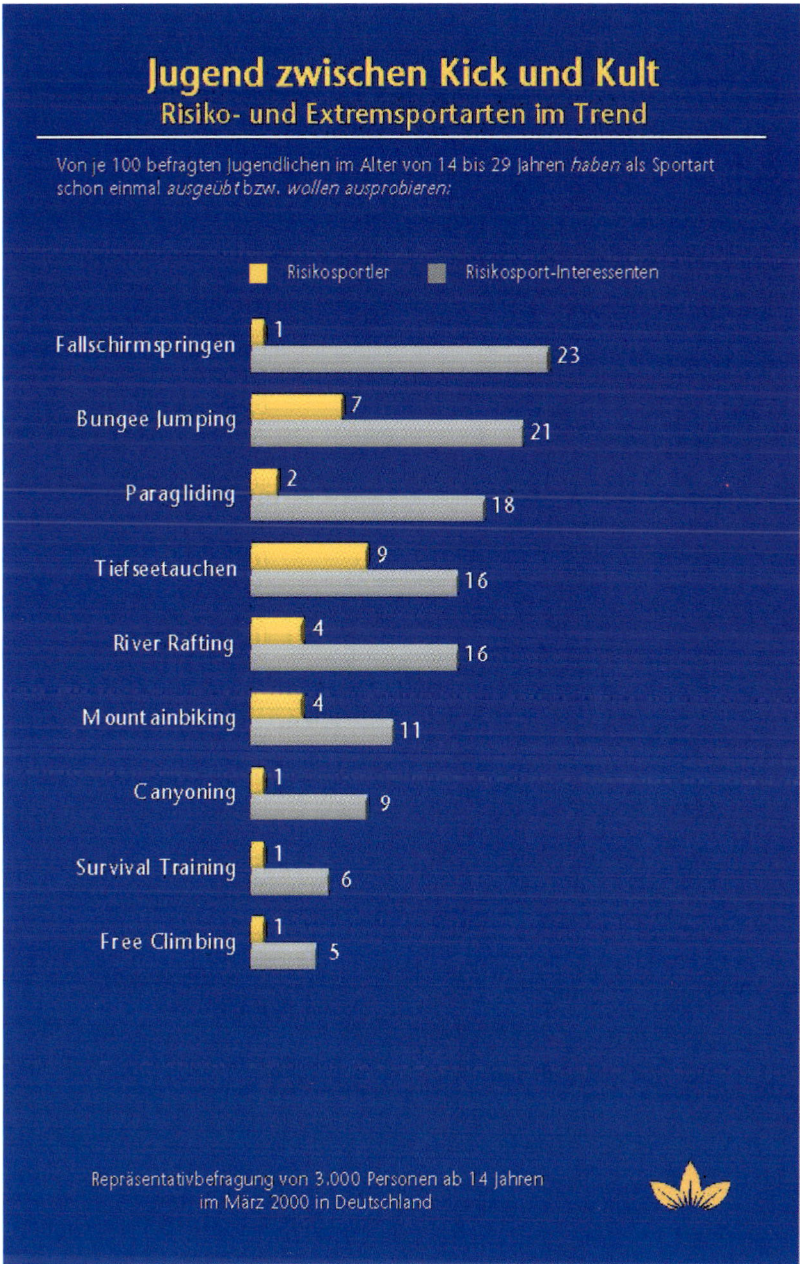
Jugend zwischen Kick und Kult
Risiko- und Extremsportarten im Trend
Von je 100 befragten Jugendlichen im Alter von 14 bis 29 Jahren *haben* als Sportart schon einmal *ausgeübt* bzw. *wollen ausprobieren:*
Risikosportler
Risikosport-Interessenten
Fallschirmspringen
1
23
Bungee Jumping
7
21
Paragliding
2
18
Tiefseetauchen
9
16
River Rafting
4
16
Mountainbiking
4
11
Canyoning
1
9
Survival Training
1
6
Free Climbing
1
5
Repräsentativbefragung von 3.000 Personen ab 14 Jahren im März 2000 in Deutschland

„Immer derselbe Rhythmus – das ist sehr lange ein bequemer Weg. Eines Tages aber steht das ‚Warum' da, und mit diesem Überdruss, in den sich Erstaunen mischt, fängt alles an“ (Camus 1991, S. 16). Der traditionell „schöne Sport“ (Funke 1990, S. 23) verändert sich, aber er stirbt nicht. Und solange Autofahren in Deutschland gefährlicher als die Ausübung mancher Risikosportart ist, gilt George Bernhard Shaws Wort, der – als er die Fehlmeldung von seinem Tod in der Zeitung las – an die Redaktion telegraphiert haben soll: „Nachricht von meinem Tode stark übertrieben.“

2. EXTREMSPORTLER. EXTREM ZU LASTEN DER NATUR

Radeln am Himalaya:
„Der World Tours Traveller's Club lädt Radsportler
zu einem Mountainbike-Festival in das Himalaya
Königreich Nepal ein ...“
ANZEIGE

Die Neigung von Risikosportlern zu Extremen geht extrem zu Lasten der Natur: Mit dem Mountainbike auf den Zweitausender? Und dann wie Alpen-Hooligans rudelweise johlend den Berg hinabbrausen? Der Nutzungsdruck auf Natur und Landschaft verstärkt sich. Die Unverträglichkeitsrisiken zwischen den Ansprüchen von Outdoor-Sportlern und dem Schutzbedürfnis der Natur nehmen zu. *Wie viel Risikosport verträgt die Umwelt?*

Immer mehr neue naturnahe Abenteuer- und Outdoor-Sportarten (vgl. Strasdas 1994; Stettler 1997) werden kreiert bzw. erfunden und auf den Markt gebracht. Wie ein Verbund von Technik und Kommerz, Natur und Wildnis werden sie auf der Basis von Innovation und Attraktion verkauft:

Nicht die Ausübung naturnaher Sportarten ist per se umweltschädlich, sondern das Maß- und Gedankenlose wie z. B.

- das Riverrafting in unberührt gebliebenen Gewässern,
- das Gleitschirmfliegen auf Südhängen im Frühling,
- das Skifahren bei wenig Schnee oder
- das Querfeldein-Fahren mit Mountainbikes.

In den Alpenländern praktizieren derzeit

- Riverrafting: ca. 30.000
- Gleitschirmfliegen: ca. 120.000
- Bergklettern: ca. 500.000
- Tourenskilauf: ca. 100.000.

Als Lösungsansätze für die Ausübung von Risikosportarten (Outdoor-Sport) bieten sich u. a. an (vgl. IITF 1996):

- ***Mountainbiking***
  Nur auf Wegen mit einer Breite von mindestens 1,5 m (z. B. in Südtirol). Umweltgerechte Planung von MTB-Routen durch Zusammenwirken von Naturnutzern und Naturschützern (z. B. im Kanton Neuenburg)
- ***Klettern***
  Erstellung von Nutzungskonzepten und deren saisonale Überprüfung. Festlegung temporärer oder totaler Sperrungen bestimmter Kletterbereiche
- ***Gleitschirmfliegen***
  Festlegung von Start- und Landerouten sowie von Flugzeiten („Ruhegebiete" z. B. in Salzburg), von Mindestflughöhen (z. B. in Kanada) und von Überflugverboten (z. B. in La Ruchère)

- ***Riverrafting***
  Lizenzzwang in Verbindung mit Umweltbildung. Festlegung von Anlege- und Raststellen. Räumliche und zeitliche Regelungen (z.B. im Kanton Bern). Festlegung von Mindestabständen zu störempfindlichen Uferbereichen
- ***Tourenskifahren***
  Durchführung von Infrastrukturmaßnahmen mit dem Ziel der Lenkung von Skifahrern (z.B. in den Ammergauer Alpen/D). Markierung der Routen. Sperrung von bestimmten Gebieten (z.B. in Salzburg). Umweltverträglichkeitsprüfung (UVP) beim Bau von Liften, Pisten und Routen

Wegen des Ansturms von Risikosportlern und Ausflüglern auf die Natur führt in Zukunft kein Weg mehr an neuen Umweltregeln vorbei. Das können Angebote, Gebote und Verbote sein. Nach amerikanischem Vorbild müssen in Natur und Landschaft auch zeitweilige Tabuzonen ausgewiesen werden – allerdings in Verbindung mit Informationstafeln, die Sportler und Ausflügler darüber aufklären, warum ein Gebiet nicht betreten werden darf. Das erhöht nachweislich die Akzeptanz. Vielleicht hilft in Zukunft auch die *Natursimulation (virtual reality),* Umweltprobleme, die durch Risikosportarten entstehen, zu verhindern. Durch die einfache Kombination visueller, akustischer und kinetischer Reize können durch neue Simulationen Sinneseindrücke von Beschleunigung, freiem Fall und Kollision bei hoher Geschwindigkeit künstlich hervorgerufen werden (vgl. Caneday 1992). Stationäre „Videocycles" können Mountainbike-Touren durch unwegsames Gelände hervorragend simulieren. Virtual reality als Ersatz für Risikosport? Umweltforscher sind zuversichtlich, dass in Zukunft eine Risikominderung für den Menschen und die Natur durch die Entwicklung neuer Technologien möglich ist (vgl. Strasdas 1994). Findet dann das Survival Training in städtischen Indoor-Einrichtungen statt, weil die künstlichen Extremlandschaften für den Risikosport besser geeignet sind als die Natur?

3. GLÜCKSSUCHER. LEBEN IM FLOW

„Jenseits von Angst und Langeweile:
im Tun aufgehen. Das Flow-Erlebnis."
MIHALYI CSIKSZENTIHALYI,
ungarisch-amerikanischer Psychologe (1975)

Der Psychologe Mihalyi Csikszentmihalyi entwickelte eine neue Theorie des *flow-Erlebens*: In einen flow-Zustand kann man nur geraten, wenn man etwas freiwillig und mit Freude tut, also ganz bewusst und hochmotiviert in freudige Erlebnisse regelrecht eintaucht. In einer solchen Situation verliert man schnell den Sinn für die Zeit und für sich selbst, fühlt sich kompetent und beherrscht die Situation souverän (Csikszentmihalyi 1991, S. 206). So gesehen kann die psychologische Theorie des flow-Erlebens selbst für Wirtschaft und Arbeitswelt bedeutungsvoll sein. Die individuellen Anforderungen an flow-Erlebnisse im Leben allgemein und speziell am Arbeitsplatz werden immer höher. Die junge Generation erwartet auch in der Arbeitswelt Freude an der eigenen Aktivität und am eigenen Können. Andernfalls verlagert sie ihre Energien in die „Schöne Neue Welt", die „Action", „Fun" und „Happiness" gepachtet zu haben scheint.

Wie fühlen sich eigentlich Menschen, wenn sie Glück und Freude empfinden? Das als „flow" bezeichnete Glücksempfinden bezieht sich dabei fast immer auf *Situationen mit Herausforderungscharakter,* in denen Aktivitäten gefordert werden, für die man besondere Geschicklichkeit braucht. Dieses Gefühl entsteht beispielsweise,

- wenn sich ein Segler auf dem richtigen Kurs fühlt, der Wind durch das Haar streift und das Boot durch die Wellen schnellt oder
- wenn ein Maler Farben so verwendet, dass sie entsprechend seinem inneren Auge Gestalt annehmen.

Dieses Glücksempfinden ist ein freudiges Gefühl, eine Mischung aus Aktivität und Kreativität.

Der Motivationspsychologe Csikszentmihalyi hat das flow-Erlebnis beim Klettern im Fels eingehend analysiert und dazu dreißig Kletterer persönlich interviewt. Dabei kamen ganz unterschiedliche Motivationslagen, die von Tagesstimmungen abhängig waren, zutage: „Es gibt Tage, an denen man nicht nach Perfektion strebt, sondern sich leicht zufrieden an irgendeinem leichten Felsen tummeln möchte; an anderen Tagen riskiert man hingegen offenen Auges Hals- und Beinbruch" (Csikszentmihalyi 1975/1987, S. 109). Kein Klettervorgang gleicht dem anderen. Tagesform und momentane Befindlichkeit können manchmal mehr Einfluss auf die Aktivität haben als z. B. ein Wetterwechsel oder ein Materialfehler.

Extremklettern bedarf vieler Gleichgewichtsvariationen. Man probiert und probiert, bis eine akzeptable Lösung gefunden wird. Die mögliche physische Gefahr stellt dabei weder ein Ziel noch ein beherrschendes Moment des Erlebens dar. Vielmehr gilt der Grundsatz: Klettern ist nur dann gefährlich, wenn man gefährlich klettert. Sicherheitsbewusstsein in Verbindung mit Erfahrung bildet die Basis für das flow-Erleben:

- „Man greift nach den richtigen Haltepunkten, nach den richtigen Instrumenten, und alles stimmt."
- „Ich habe dann so ein richtig erhabenes Gefühl, dankbar dafür, dass ich dort oben bin und nicht bloß da unten mein Leben weiterfriste."

Manche sehen das Erleben beim Klettern alsein Paradigma, mit dem sie Situationen des Alltags vergleichen. Die Ausübung dieses Risikosports verändert das Leben vieler Menschen. Zum menschlichen Glück gibt es viele Wege; Risikosportler favorisieren ein Leben unter der Prämisse des Handelns. „Soll die menschliche Evolution weitergehen", so die Hoffnung von Csikszentmihalyi (S. 236), „müssen wir auf die eine oder andere Weise lernen, uns an unserem Leben intensiver zu freuen."

Risikosportler sind extreme Glückssucher, die mit einer großen Radikalität ihr Glück suchen und dabei eigene Wege gehen. Einige begnügen sich mit sanften Formen der Risikosuche, andere verstehen Glückssuche auch als gefährliche Abenteuersuche. Da geht es dann um sehr viel mehr als nur um „Spaß haben". Die Abenteuersuche erscheint geradezu lebensnotwendig, und es wäre vergebliche Mühe, „einem passionierten Abenteuersucher sein Tun ausreden oder gar verbieten zu wollen" (Aufmuth 1996, S. 205), so sinnvoll und hilfreich dies auch sein könnte. Denn manche Risikosportler führen ein Leben lang ein extremes Abenteuerdasein und treten doch innerlich auf der Stelle – ein fast tragischer Sachverhalt, weil sie sich letztlich selbst im Wege stehen. In solchen Einzelfällen kann der Risikosport zur echten Lebensgefahr werden.

„Ein gutes Buch, ein paar Freunde, eine Schlafstelle und keine Zahnschmerzen" – das war die Antwort von Theodor Fontane auf die Frage: „Was braucht der Mensch zum Glücklichsein?" Zum Glücklichsein auf Erden, so haben die Vereinten Nationen ermittelt, benötige der Mensch neben dem Notwendigsten wie Nahrung, Kleidung und Unterkunft ein Radio, ein Fahrrad und eine Kücheneinrichtung. Die Deutschen nennen mehrheitlich vier Dinge auf die Frage, was für das eigene Wohlfühlen am wichtigsten ist: das gute Essen und Trinken (61 %), die netten Nachbarn (56 %), den Fernseher (57 %) und die Urlaubsreise (53 %). Für die meisten Deutschen ist das Urlaubsglück derzeit wichtiger als die eigene „schöne Wohnungseinrichtung". Urlaubsglück ist aber oft erkauftes Glück. TUI verheißt: „Glück ist käuflich" und EURO DISNEY verspricht: „Wir schaffen Glückseligkeit!" Urlaubsglück zwischen Religionsersatz und käuflicher Ware?

Die Forschung gab sich bisher mit der doppeldeutigen Erkenntnis zufrieden: „Zum Glück gibt's keine Forschung" (Lohmann 1990, S. 14). Motivpsychologische Ansätze lassen allenfalls darauf schließen, dass *Glücksvorstellungen nur wenig Aktives und Dynamisches beinhalten,* sich also mehr auf einen Zustand der Ruhe, der Harmonie und der Ausgeglichenheit beziehen (vgl. Hartmann 1990, S. 44) wie z. B. in der Sonne liegen, die Muße genießen und den Alltag vergessen. Glücksgefühle gleichen eher Glücksmomenten, die sich „wie Perlen einer Kette" (Orlovius 1990, S. 34) in einer relativ störungsfreien und spannungsarmen Atmosphäre aneinanderreihen. Das ganz große, das vollkommene Glück gibt es nur in der Phantasie.

Es sind gerade nicht die ganz großen Ereignisse, die Menschen z. B. im Urlaub glücklich machen. Was hier wirklich zählt und nachwirkt, sind vielmehr *Atmosphäre, Stimmung, Harmonie, Geborgenheit:*

- Urlauber suchen in erster Linie „die angenehme Atmosphäre", in der sie sich rundum wohlfühlen können und in der alles stimmig ist.
- Besonders glücklich fühlen sich Urlauber, wenn sie „in ausgelassener Stimmung" unbeschwert lachen und sich freuen können.
- Urlauber erwarten nicht das ganz große Glück auf Reisen; sie sehnen sich eher nach den kleinen Freuden des Lebens, nach Situationen „völliger Entspannung", in denen alle Sorgen ganz weit weg sind. Vor allem die Berufstätigen (45 %) wollen im Urlaub die Alltagssorgen hinter sich lassen (Nichtberufstätige: 31 %).

„Urlaub mit Kick", eine Mischung aus Abenteuerlust und Grenzerlebnis zwischen Fallschirmspringen und Tiefseetauchen, findet für die meisten Bundesbürger fast nur in der Phantasie statt. 94 Prozent der deutschen

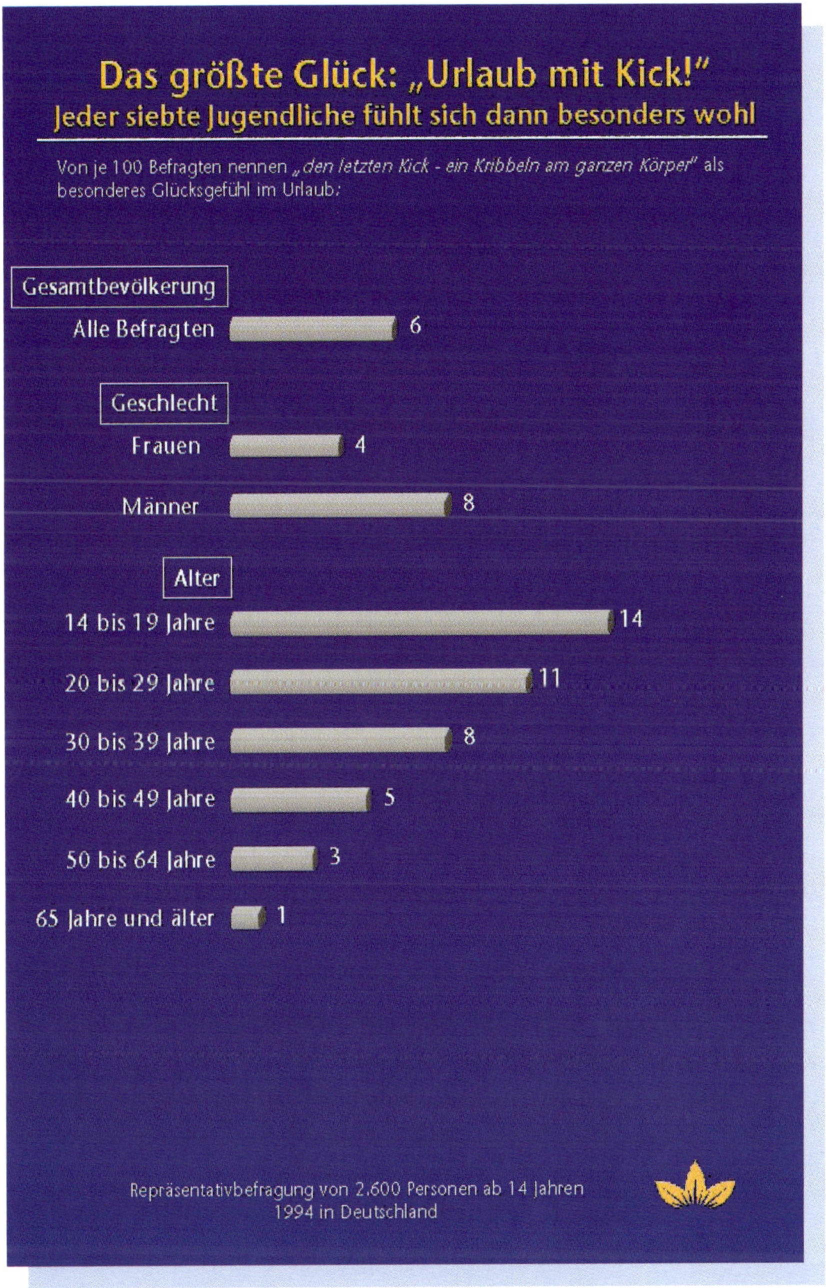
Das größte Glück: „Urlaub mit Kick!"
Jeder siebte Jugendliche fühlt sich dann besonders wohl
Von je 100 Befragten nennen „den letzten Kick - ein Kribbeln am ganzen Körper" als besonderes Glücksgefühl im Urlaub:
Gesamtbevölkerung
Alle Befragten 6
Geschlecht
Frauen 4
Männer 8
Alter
14 bis 19 Jahre 14
20 bis 29 Jahre 11
30 bis 39 Jahre 8
40 bis 49 Jahre 5
50 bis 64 Jahre 3
65 Jahre und älter 1
Repräsentativbefragung von 2.600 Personen ab 14 Jahren
1994 in Deutschland

Urlauber können sich an ein solches Kick-Erlebnis nicht erinnern. Urlaub mit Kick, also *Reisen als „letztes Abenteuer“* findet in nennenswertem Umfang eigentlich nur in der Jugend statt. Jeder siebte Jugendliche spürt dann ein „Kribbeln am ganzen Körper“ und fühlt sich besonders glücklich. Bemerkenswert ist auch, dass der Anteil der Männer, die im Urlaub das Glück im Kick finden, doppelt so hoch ist (8 %) wie bei den Frauen (4 %). Auch das grenzenlose Freiheitsgefühl ist bei den männlichen Urlaubern deutlich stärker ausgeprägt (18 %), während Frauen weniger Wert auf solche persönlichen Erfolgserlebnisse (12 %) legen.

Risikoerlebnisse in Freizeit und Urlaub vermitteln nur das *Gefühl von mehr Freiheit.* Jeder kann hier in seiner Phantasie ein wenig vom Wege abkommen, einen Hauch von Abenteuer spüren, manche Schein-Abenteuer bestehen oder sich von der perfekten Illusion verzaubern lassen. Nur erlebnispsychologisch gesehen ist der Urlauber den Wolken ein Stück näher – in Wirklichkeit aber ist er schon glücklich, wenn er wenigstens vorübergehend ein Stück Alltag hinter sich lassen, unbeschwert lachen und manche schönen Augenblicke einfach genießen kann.

Beim Surfen (22 %), beim Segeln (26 %) oder beim Tauchen (31 %) kann man „ein unbeschreibliches Glücksgefühl haben“: Es ist der schöne Augenblick, das außergewöhnliche Ereignis, die Freude an der eigenen Aktivität. Wassersport wird zum flow-Erlebnis – ein Fließen und Schweben, bei dem Weg und Ziel eins werden. Dieses Glücksgefühl „flow“ wird zum Eintauchen in intensives Erleben, bei dem man seine persönlichen Probleme vergessen und das Zeitgefühl verlieren kann. Die Freude an der Aktivität und am eigenen Können vermittelt neue Glückserfahrungen. Ein Segler äußerte in diesem Sinne: „Ich verschwende eine Menge Geld und Zeit mit diesem Boot, aber es ist die Sache wert – denn nichts kommt dem Gefühl gleich, wenn ich draußen auf See bin“. Man vergisst dabei sich selbst, sieht nur noch das Spiel des Bootes auf den Wellen und genießt das Einssein mit der Natur.

Gleicht der Extremsportler von morgen schon bald einer modernen Chimäre, einem Fisch-Vogel-Känguruh-Wesen, das sich im Wasser, in der Luft und auf der Erde Sprünge erlauben kann, die eigentlich die menschlichen Fähigkeiten überfordern? Denkt man an die Sportarten Schnorcheln und Tauchen, Drachenfliegen und Paragliding sowie Freeclimbing und Fallschirmspringen, so ist diese Idee durchaus nicht abwegig. Die menschliche Phantasie wagt sich immer mehr an kühne Träume heran und lässt diese zunehmend wahr werden.

Was wird die Zukunft bringen? Heißt es dann „the sky is the limit“ oder aber „Gott tot, Mensch am Himmel?“ Die physischen Möglichkeiten der Belastung werden schon bald ausgereizt sein, zumal das Überschreiten von Schmerzgrenzen (Jan Krakauer 1999/S. 11: „Ich litt wie ein Tier“) sonst Normalität werden könnte.

Die Zukunft wird auch dem *mentalen Kick* gehören, bei dem Eigen- und Interaktivität die Passivität ablösen und persönlichkeitsverändernde Herausforderungen angeboten werden. Dann heißt es vielleicht nicht mehr „Einmal im Leben ein Kurzzeitheld sein“, sondern „Das Grenzerlebnis hat mir die Augen geöffnet. Ich bin wieder bei mir selbst angekommen.“ Die Heimatlosigkeit hat ein Ende – ganz im Sinne Senecas: Den Sinn musst du wechseln, nicht den Himmelsstrich. Oder mit den Worten von Boris Becker: „Mein einziger Konkurrent? Ich selbst.“

DATEN-DOKUMENTATION

EXTREMSPORT:
ZWISCHEN WUNSCH UND WIRKLICHKEIT

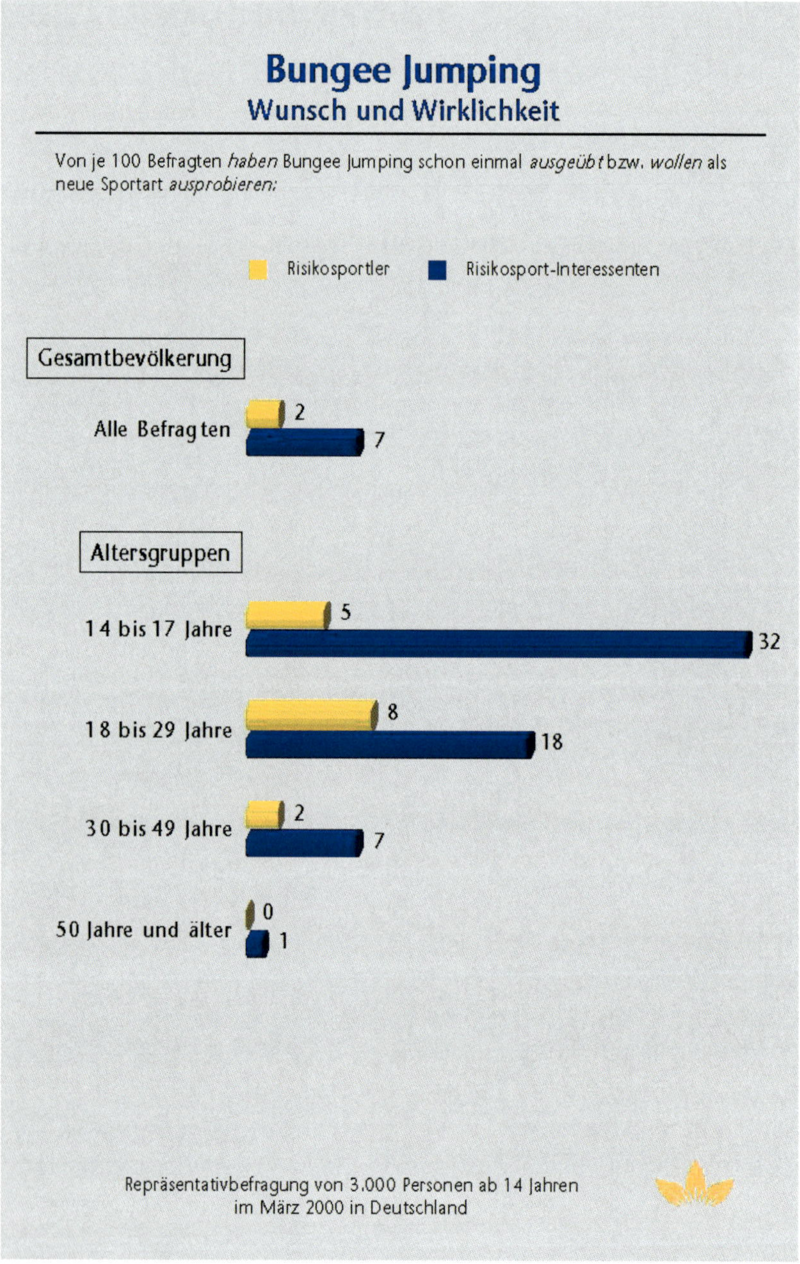
Bungee Jumping
Wunsch und Wirklichkeit
Von je 100 Befragten *haben* Bungee Jumping schon einmal *ausgeübt* bzw. *wollen* als neue Sportart *ausprobieren:*
Risikosportler
Risikosport-Interessenten
Gesamtbevölkerung
Alle Befragten
2
7
Altersgruppen
14 bis 17 Jahre
5
32
18 bis 29 Jahre
8
18
30 bis 49 Jahre
2
7
50 Jahre und älter
0
1
Repräsentativbefragung von 3.000 Personen ab 14 Jahren
im März 2000 in Deutschland

Canyoning
Wunsch und Wirklichkeit

Von je 100 Befragten *haben* Canyoning schon einmal *ausgeübt* bzw. *wollen* als neue Sportart *ausprobieren:*

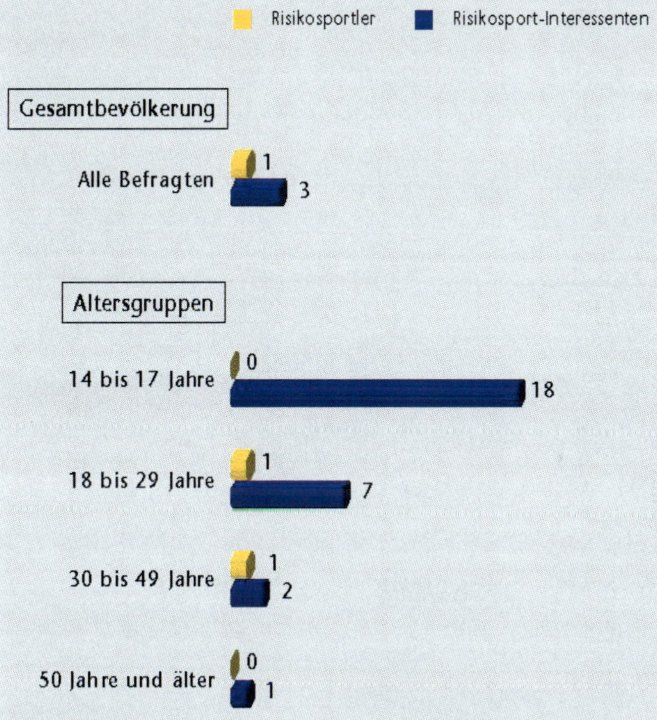

Repräsentativbefragung von 3.000 Personen ab 14 Jahren
im März 2000 in Deutschland

Fallschirmspringen
Wunsch und Wirklichkeit

Von je 100 Befragten *haben* Fallschirmspringen schon einmal *ausgeübt* bzw. *wollen* als neue Sportart *ausprobieren:*

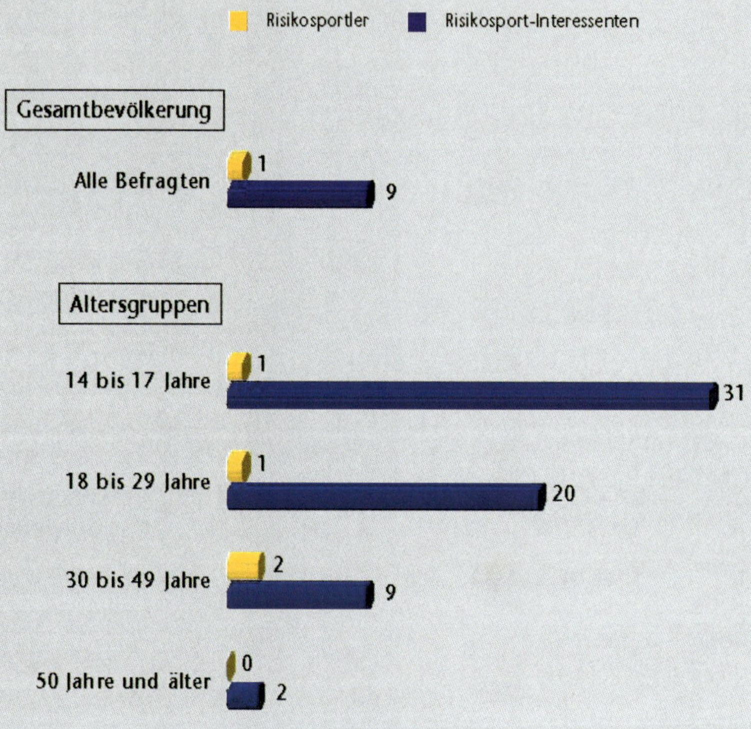

Repräsentativbefragung von 3.000 Personen ab 14 Jahren im März 2000 in Deutschland

Free Climbing
Wunsch und Wirklichkeit

Von je 100 Befragten *haben* Free Climbing schon einmal *ausgeübt* bzw. *wollen* als neue Sportart *ausprobieren:*

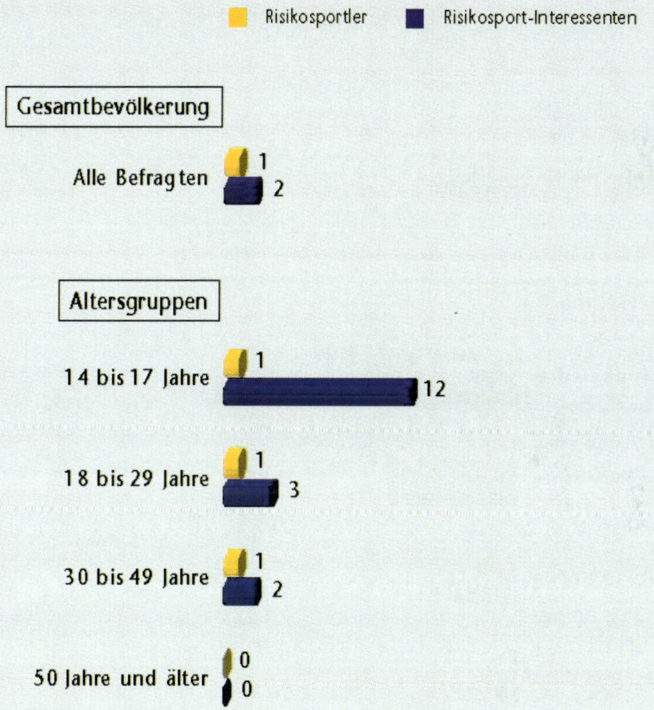

Repräsentativbefragung von 3.000 Personen ab 14 Jahren
im März 2000 in Deutschland

Mountainbiking
Wunsch und Wirklichkeit

Von je 100 Befragten *haben* Mountainbiking schon einmal *ausgeübt* bzw. *wollen* als neue Sportart *ausprobieren:*

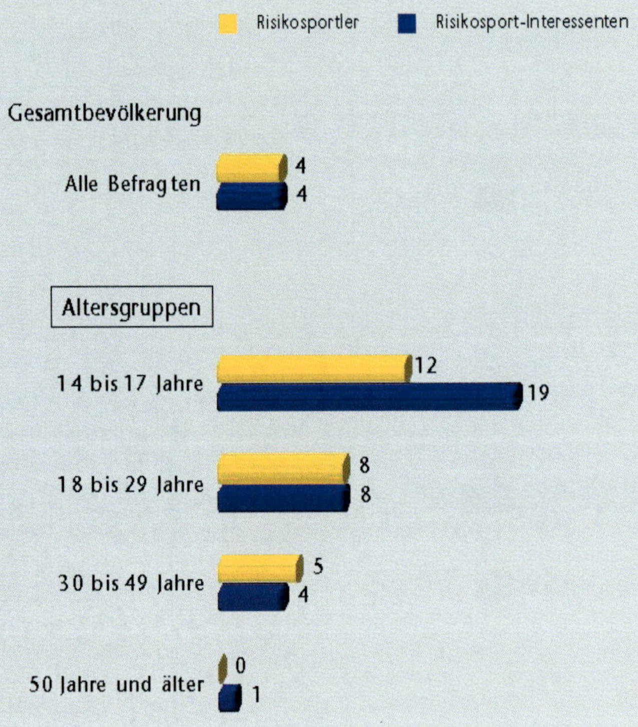

Repräsentativbefragung von 3.000 Personen ab 14 Jahren
im März 2000 in Deutschland

Paragliding
Wunsch und Wirklichkeit

Von je 100 Befragten *haben* Paragliding schon einmal *ausgeübt* bzw. *wollen* als neue Sportart *ausprobieren:*

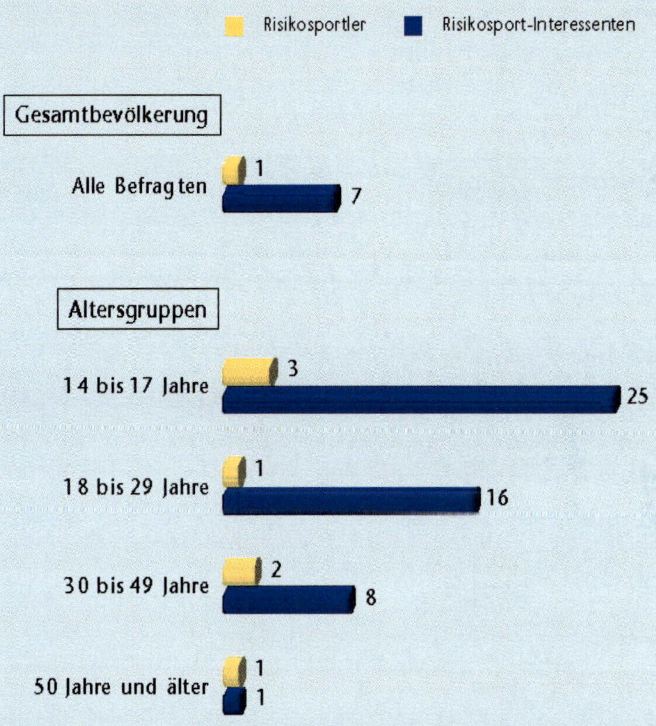

Repräsentativbefragung von 3.000 Personen ab 14 Jahren
im März 2000 in Deutschland

River Rafting
Wunsch und Wirklichkeit

Von je 100 Befragten *haben* River Rafting schon einmal *ausgeübt* bzw. *wollen* als neue Sportart *ausprobieren:*

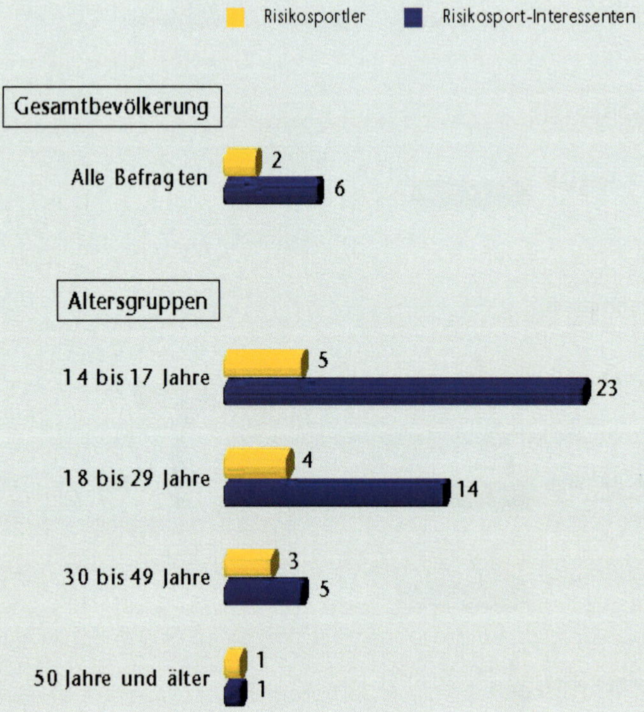

Repräsentativbefragung von 3.000 Personen ab 14 Jahren
im März 2000 in Deutschland

Survival Training
Wunsch und Wirklichkeit

Von je 100 Befragten *haben* Survival Training schon einmal *ausgeübt* bzw. *wollen* als neue Sportart *ausprobieren:*

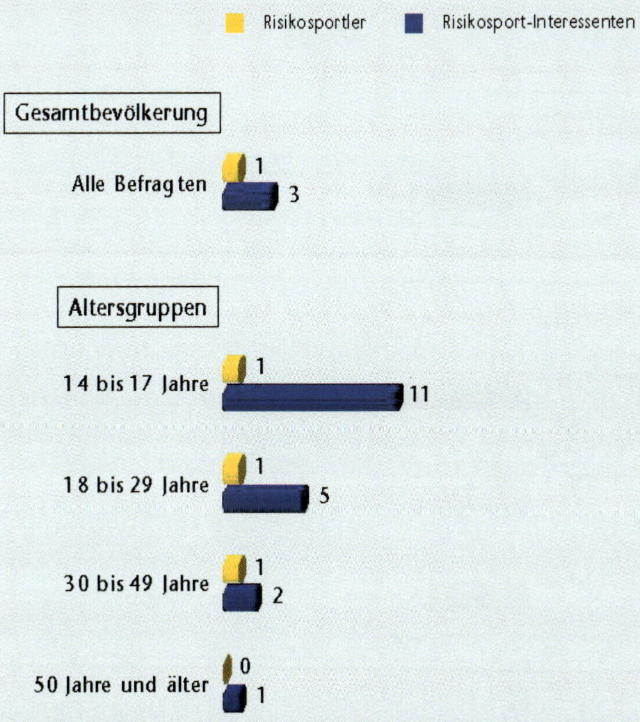

Repräsentativbefragung von 3.000 Personen ab 14 Jahren im März 2000 in Deutschland

Tiefseetauchen
Wunsch und Wirklichkeit

Von je 100 Befragten *haben* Tiefseetauchen schon einmal *ausgeübt* bzw. *wollen* als neue Sportart *ausprobieren:*

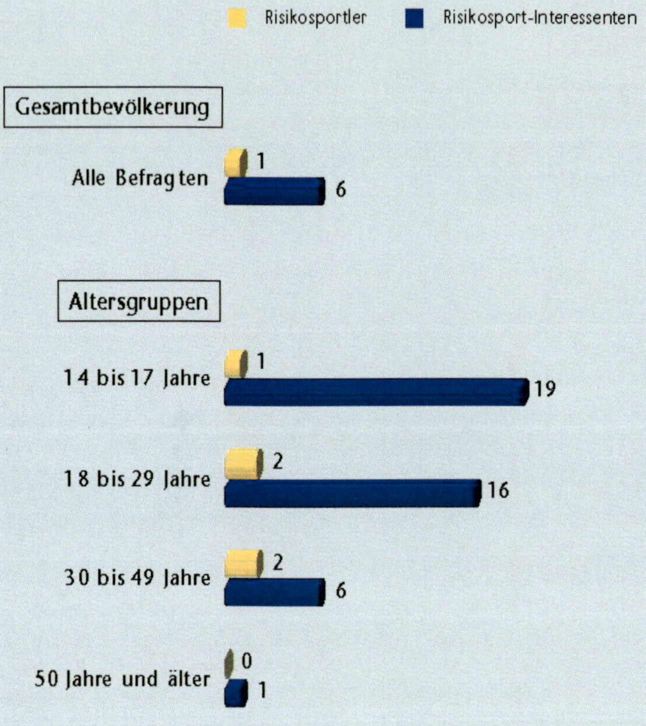

Repräsentativbefragung von 3.000 Personen ab 14 Jahren im März 2000 in Deutschland

Trekking
Wunsch und Wirklichkeit

Von je 100 Befragten *haben* Trekking schon einmal *ausgeübt* bzw. *wollen* als neue Sportart *ausprobieren:*

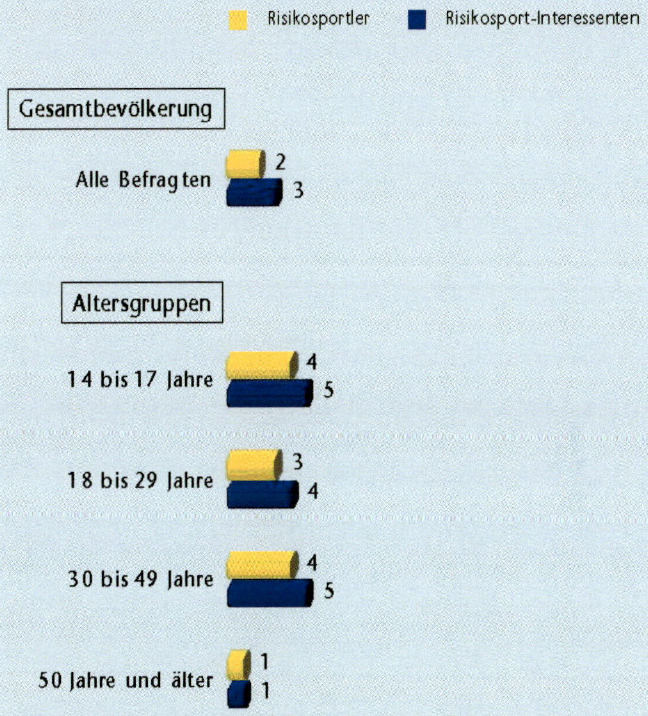

Repräsentativbefragung von 3.000 Personen ab 14 Jahren
im März 2000 in Deutschland

FACHGLOSSSAR

Risiko- und Extremsportarten

Base Jumping: Absprung von (bis zu 1.000 m) hohen senkrechten Felsmassiven; freier Fall und Landung am Schirm.

Bicycle Riding: 600 km bei 30 Grad Kälte durch die Eiswüste Alaskas radeln in 52 Stunden, ohne zu schlafen; non-stop 5.000 km quer durch die USA (Rekord: 8,5 Tage); rund um Australien in 50 Tagen (15.500 km).

Body Flying: 20 m hoch auf einem 200 km/h starken Luftstrom von 2,5 m Durchmesser ‚schweben'; Könner springen von oben in den Luftstrom hinein.

Canyoning: Erkunden unzulänglicher Schluchten und Wasserläufe durch Klettern, Schwimmen und Tauchen.

Bungee-Jumping: Sprung von einem hohen Kran, von einer Brücke, aus einer Seilbahn oder von einem 130 m hohen Fernsehturm an elastischen Gummiseilen.

Extreme Skiing: Steilwandabfahrten; ‚verrücktestes' Beispiel (von Hans Kammerlander und Diego Vellig): auf einer 60 Grad steilen Route vom 8.125 m hohen Nanga Parbat hinunter.

Flowboarding: Reiten auf einem Brett entlang eines Wasserstroms, der über einen Zementsockel in Wellenform rauscht.

Free-/Solo Climbing: ‚Elegantes' Extremklettern bei Verwendung möglichst weniger Sicherungshaken; Alleinklettern unter extremen Bedingungen zumeist ohne Seil.

Gletscherkajaking: Befahren von mit Schmelzwasser gefüllten Gletscherrinnen.

Heliskiing: Skifahren im Hochgebirge mit Helikoptern als Aufstiegshilfe.

Helibiking: Fahrer werden von einem Hubschrauber auf einem hochgelegenen Plateau abgesetzt, von dem aus es überwiegend nur noch „downhill" geht.

House Running: Möglichst schnelles ‚Hinunterrennen' von hohen Häusern, angeseilt, die Füße gegen die Fassade gestemmt und das Gesicht zur Straße gekehrt.

Hydrospeeding: Gleiten (bäuchlings) in einem wilden Fluss mit Flossen, Helm und einem kleinen Antriebskörper in Form eines Waschbretts.

Montain Biking/BMXing: Hindernisfahren und Akrobatik (ursprünglich Berg- und Querfeldeinfahren) auf Spezialrädern.

Paragliding: Drachensegeln/Gleitschirmfliegen.

River Rafting/River Boogie: Wildwasserfahren (bevorzugt durch Canyon-Schluchten) im Schlauchboot oder mit einem Gummikissen unter dem Bauch.

Roller-/Inline Skating bzw. *Roller-/Snake Boarding:* Schnell-, Slalom- und Hindernislauf auf unterschiedlich konstruierten Rollschuhen/-brettern (weitere Möglichkeit: Luft-Figuren-Springen über U-förmigen Schwungrampen).

Sky Surfing/Sky Diving: Sprung aus dem Flugzeug mit einem an die Füße geschnallten Surf-Brett; Salti und seitliches Figuren-Beschreiben im freien Fall mit Landung am Fall- oder Gleitschirm.

Speed Sking: Geradeaus-Abfahrtslauf, bei dem über 200 km/h erreicht und rund 250 für möglich gehalten werden.

Spelinauting: Höhlentauchen (von griech. Spélaion, lat. Spelaeum = Höhle, Grotte).

Survival Training: ‚Überlebenstraining' mit minimalen Ressourcen in ‚wilden' Gegenden.

Swimming: Dreimal hintereinander durch den Ärmelkanal schwimmen (120 km), in 10 Tagen von Korsika nach Sardinien (wie der 42-jährige Franzose Guy Delange) oder in 3 Monaten von Westafrika in die Karibik.

Tandemsprung: Fallschirmspringen aus 3.000 m Höhe ohne Ausbildung und fliegerärztliche Untersuchung. Durch ein spezielles Gurtzeug mit dem Körper eines Tandem-Piloten verbunden, der die Schirmbedienung 40 Sekunden nach dem freien Fall in die Tiefe durchführt.

Trekking: Mehrtägige Hochgebirgstouren mit entsprechender Ausrüstung (Schlafsack, Kochgeschirr u. a.), bevorzugt im Himalaya, neuerdings Canyon-Trekking.

Triathlon: 3,8 km Schwimmen (= Breite einer Bucht von Hawaii, an der Captain Cook einst gelandet war und wo drei US-amerikanische Marinesoldaten den „Ironman" erfanden), 180 km Radfahren (eine durchschnittliche Etappe der „Tour de France"), 42,2 km Laufen (die Marathonstrecke) – alles am Stück und in 8 Stunden; 4-facher „Ironman" in 2,5 Tagen, ohne zu schlafen, 10-facher in rund 50 Tagen – bei gelegentlich 1 bis 2 Stunden Schlaf.

Trick Skiing: (Schrauben-)Salti-Springen über Schanzen und Buckelpisten mit eingesprungenen Figuren.

Tubing: In einem Schwimmring, der nur einer Person Platz bietet, einen Fluss herabgleiten/-treiben.

Ultraball: Kugeln in einer Kugel mit einem Durchmesser von vier bis sechs Metern von einem Wasserfall oder einer Spezialrampe herunter in einen See oder Fluss. Die Kugel ist wasser- und stoßfest; der Passagier ist angegurtet.

Wakeboarding: Sich auf einem Brett, das wie ein Snowboard aussieht, über (flaches) Wasser ziehen lassen.

GRUNDLAGENLITERATUR

AGRICOLA, S.: Vereinswesen in Deutschland (Bd. 179 der Schriftenreihe des Bundesministeriums für Familie, Senioren, Frauen und Jugend), Stuttgart–Berlin–Köln 1997.

APTER, M.: Im Rausch der Gefahr. Warum immer mehr Menschen den Nervenkitzel suchen („The Dangerous Edge. The Psychology of Excitement", 1992), München 1994.

AUFMUTH, U.: Lebenshunger. Die Sucht nach Abenteuer, Zürich–Düsseldorf 1996.

BALINT, M.: Angstlust und Regression („Thrills and Regressions", 1959), 3. Aufl., Stuttgart 1991.

BECK, U.: Risikogesellschaft. Auf dem Weg in eine andere Moderne, Frankfurt/M. 1986.

BLEISTEIN, R.: Therapie der Langeweile, Freiburg i. Br. 1973.

BONINGTON, Chr.: Interview. In: E. de Bono: Tactis. The Art and Science of Success, London 1986, S. 200.

BUHL, H.: Achttausend drüber und drunter, München 1954.

CALLOIS, R.: Man, play and games, New York 1960.

CANEDAY, L.: Outdoor Recreation. A Virtual Reality. In: Parks & Recreation 27/8 (1992).

COUPLAND, D.: Girlfriend in a Coma (New York 1998), Hamburg 1999.

CSIKSZENTMIHALYI, M.: Das Flow-Erlebnis: Jenseits von Angst und Langeweile („Beyond Boredom and Anxiety – The Experience of Play in Work and Games", 1975), 3. Aufl., Stuttgart 1991.

– Flow. Das Geheimnis des Glücks („Flow – The Psychology of Optimal Experience", 1990), Stuttgart 1992.

CUBE, F. VON: Lust an Leistung. Die Naturgesetze der Führung, 6. Aufl., München 2000.

DANN, H.-D.: Subjektive Theorien zum Wohlbefinden. In: A. Abele/P. Becker (Hrsg.): Wohlbefinden, Weinheim–München 1991, S. 97–117.

DOLLARD, J. (u. a.): Frustration und Aggression, New York 1939.

ECKERT, R. (u. a., Hrsg.): Sinnwelt Freizeit. Jugendliche zwischen Märkten und Verbänden, Opladen 1990.

ELIAS, N.: Leisure in the Sparetime Spectrum. In: R. Albonico/K. Pfister-Binz (Hrsg.): Soziologie des Sports, Basel 1971, S. 27–34.

ELIAS, N./E. DUNNING: The quest for excitement in unexciting societies. In: G. Lüschen (Hrsg.): The cross-cultural analysis of sport and games. Champaign III (1970).

ELLIS, B. E.: Spiegel-Gespräch. In: DER SPIEGEL Nr. 43 (1999).

FRANKL, V. E.: Zwei Symposionsbeiträge. In: O. Gruppe (Hrsg.): Sport in unserer Welt – Chancen und Probleme, Berlin 1973.

HARTMANN, H.A.: Nicht „das ganze Leben lang im Bett liegen bleiben ..." Zur Analyse und Bewertung von Fun- und Extremsport. In: edition ethik kontrovers 3, Frankfurt/M. 1995, S. 34–51.

– The Thrilling Fields oder: „Bis ans Ende – und dann noch weiter". Über extreme Outdoor Activities. In: H.A. Hartmann/R. Haubl (Hrsg.): Freizeit in der Erlebnisgesellschaft, Opladen 1996, S. 67–94.

HARTMANN, H. A./R. HAUBL: „Erlebe Dein Leben!" In: Dies. (Hrsg.): Freizeit in der Erlebnisgesellschaft, Opladen 1996, S. 7–18.

HARTMANN, K.-D.: Glücks- und Wertvorstellungen im Urlaub. In: K.-H. Klingenberg (Red.): Glück durch Reisen, Stuttgart 1990, S. 44–54.

HOBSBAWM, E.: Das Zeitalter der Extreme. Weltgeschichte des 20. Jahrhunderts („Age of Extremes", London 1994), München-Wien 1995.

HOFFMANN, H.: Zum Verhalten von Risiko und Kultur. In: GDV (Gesamtverband der Deutschen Versicherungswirtschaft (Hrsg.): Wie viel Risiko braucht der Mensch?, Berlin 1998, S. 13–21.

HOFFMANN, R.: Erleben von Glück – eine empirische Untersuchung. In: Psychologische Beiträge 26 (1984), S. 516–532.

IITF/Institut für Integrativen Tourismus und Freizeitforschung (Hrsg.): Wie viel Sport erträgt die Umwelt?, Wien 1996.

KAGELMANN, H. J.: Erlebnis, Thrill und Event – eine Bestandsaufnahme. In: Integra 4 (1999), S. 8–15.

KOCH, J.: Der riskierte Körper. Über jugendliche Grenzüberschreitungen und pädagogische Arrangements. In: Pädagogisches Forum 4 (1992), S. 172–179.

KRAKAUER, J.: In eisige Höhen. Das Drama am Mount Everest („Into Thin Air", 1997), 16. Aufl., München 1999.

KRÖGER, T.: „No risk, no fun?" In: GDV (Hrsg.): Wie viel Risiko braucht die Gesellschaft?, Berlin 1998, S. 62–69.

LASCH, CHR.: Das Zeitalter des Narzissmus („The Culture of Nacissism", 1979), München 1982.

LOHMANN, M.: „Zum Glück gibt's keine Forschung." In: K.-H. Klingenberg (Red.): Glück durch Reisen, Stuttgart 1990, S. 14–18.

MASSIMINI, F. (u. a.): Flow und biokulturelle Evolution. In: M. u. I. Csikszentmihalyi (Hrsg.): Die außergewöhnliche Erfahrung im Alltag, Stuttgart 1991, S. 77–102.

MERBOLD, U.: Ein Diamant im schwarzen All (Interview). In: Hamburger Abendblatt 19./20. Februar 2000, S. 8.

MESSNER, R.: Grenzbereich Todeszone, Köln 1978.

– Der gläserne Horizont, München 1982.

– Antarktis, München-Zürich 1990.

– Statement. In: S. Lebert: Fit for fun – und ab in den Tod. In: SÜDDEUTSCHE ZEITUNG Nr. 187 vom 16./17. August 1997, S. 3.

– Visionen eines Grenzgängers – Was findet man am Ende der Welt? In: Visionen 2000. Hrsg. v.d. Brockhaus-Redaktion, Leipzig-Mannheim 1999, S. 112–115.

NERLICH, M.: Zur abenteuerlichen Moderne oder von Risiken und westlicher Zivilisation. In: GDV (Hrsg.): Wie viel Risiko braucht der Mensch?, Berlin 1998, S. 72-99.

OPASCHOWSKI, H. W.: Die Lust am Thrill. In: DIE ZEIT vom 6. Oktober 1995, S. 75.

– Deutschland 2010. Wie wir morgen leben, Hamburg 1997.

– Umwelt. Freizeit. Mobilität. Konflikte und Konzepte, Opladen 1999.

– Kathedralen des 21. Jahrhunderts. Erlebniswelten im Zeitalter der Eventkultur, Hamburg 2000.

– Jugend im Zeitalter der Eventkultur. In: Aus Politik und Zeitgeschichte B 12 (2000), S. 17–23.

ORLOVIUS, A.: Reisen – die Suche nach Glück in der Fremde? In: K.-H. Klingenberg (Red.): Glück durch Reisen, Stuttgart 1990, S. 29–41.

PACKARD, V.: Die ruhelose Gesellschaft („A nation of strangers", 1972), München 1975.

PIEPER, H.: Der ganz normale sportliche Wahnsinn. In: DSB (Hrsg.): Sport schützt Umwelt/Sept. 1996), S. 3.

SAUER, ST.: Sehnsucht nach dem Besonderen. In: KÖLNER STADT-ANZEIGER Nr. 175 vom 29. Juli 1999, S. 2.

SCHIERZ, M.: Sport als Kompensationsinstanz für Sinndefizite. In: Sportwissenschaft 1 (1993), S. 35–48.

SCHMITT-KILIAN, J.: Vom Junkie zum Ironman. Das zweite Leben des Andreas Niedrig, Stuttgart 2000.

SCHULZE, G.: Die Erlebnisgesellschaft. Kultursoziologie der Gegenwart, Frankfurt/M.-New York 1992.

– Entgrenzung und Innenorientierung. Eine Einführung in die Theorie der Erlebnisgesellschaft. In: Gegenwartskunde 4 (1993), S, 405–419.

– Was wird aus der Erlebnisgesellschaft? In: Aus Politik und Zeitgeschichte B 12 (17. März 2000), S. 3–6.

SCITOVSKY, T.: Psychologie des Wohlstands („The Joyless Economy", 1976), Frankfurt/M.–New York 1977.

STRASDAS, W.: Auswirkungen neuer Freizeittrends auf die Umwelt, Aachen 1994.

TAPSCOTT, D.: Die digitale Revolution. Verheißungen einer vernetzten Welt – die Folgen für Wirtschaft, Management und Gesellschaft („The Digital Economy", 1996), Wiesbaden 1996.

WEISSBACH, U.: Abenteuer. Thrills and Spills. In: Lufthansa Magazin 4 (1998), S. 39–42.

Zimmerli, W.Chr.: Menschenbild und Zukunftsentwurf. In: Chr. Wopp (Hrsg.): Sport der Zukunft – Zukunft des Sports, Aachen 1996, S. 15–33.

BILDNACHWEIS

TITEL
Agentur LOOK GmbH

TEIL 1
Seite 12: Deutscher Canyoning Verein DCV; einzige nicht-kommerzielle Vereinigung Deutschlands, in der man diesen Sport sowohl lernern als auch ausüben kann (Canyoning)

TEIL 2
Seite 28: MEV (Drachenfliegen)
Seite 31: Heinz Pfister (Pfuschi-Cartoon)
Seite 50: Sport Scheck (River Rafting)

TEIL 3
Seite 56: TUI (Mountainbiken)
Seite 71: MEV (Paragliding)
Seite 83: TUI (Bungee Jumping)
Seite 89: Deutscher Canyoning Verein DCV (Canyoning)

TEIL 4
Seite 92: Touristik-Marketing GmbH (Tauchen)
Seite 92: Sport Scheck (Tauchen)

TEIL 5
Seite 122: MEV (Free Climbing)

DATEN-DOKUMENTATION
Seite 138: MEV (Snowboard)